予想をやめた途端に勝てた!

1日10分投資術

日経225オプション取引で儲かる法

山口一生 著

セルバ出版

はじめに

いわゆる「投資」ってどんなイメージですか？

パソコンに張りつき、株・チャートの上下に一喜一憂。

日々、投資を勉強し、人に教わり、場合によっては塾に行ったり講師を雇ったり……。

勝つために沢山の努力をしている人、とても多いですよね？

多分、あなたもその1人だと思います。

で？

それで勝てていますか？

投資は勝った負けたの世界です。

そして常識的に考えて、確率論に置き換えれば、誰がやってもプラスマイナスがゼロ＝勝率50％の世界です。

しかし、なぜか勝率50％も勝てない人が多いようなのです。

どうしてこんなことが起こるのでしょうか？

不思議ですよね？

筆者も以前はそんな「勝てない投資家」の1人で、しかも「なぜ勝てないか？」がわからない1人でした。

わからないから「もがき」「悩み」、苦し紛れにまた新たな情報を求めてさまよう。

そんな生活を送っていました。

そして多額の資金を溶かしました。

地方で家が買えるぐらいの資金を吹っ飛ばしました。

自殺を考えるくらいのダメージを負いました。

でも、これ、今になれば仕方ないことと思えます。

だって、勝てもしない、なんの論拠もない「誤った投資の常識」に縛られ、誤った行動ばかりを重ねていたのですから……。

闇夜を手探りで歩いているようなものです。

それでは勝てる道理もありません。

なんの手触りも、掴めるモノもない状態で歩く私に、結局、神様は微笑んでくれませんでした。

そして気づきました。

「これでは人生がどんどん、すり減って行くな～」と。

もっと基本の、抜本的な「考え方の切り替え」、いえ、それどころか「生き方の方向転換」をしない限り、お金も時間も搾取されるだけの人生は確定だな！と思ったのです。

そして考えに考え、悩みに悩んだとき、あることが見えてきました。

それはまるで「逆転」の発想でした。

そう……「予想するから外れるんだ」「当てようとするから当たらないんだ！」

ということでした。

所詮は「当たるも八卦」の世界。

当たるはずのないモノを当てようとするから失敗するのです。

以降、私は「当てようとする心」を封印することにトライしました。
最初は、どうしても「当て」に行ってしまうのです。
それまでの投資人生で染みついた「心の動き」。
これを払拭するのがとても大変でした。
だって、本能レベルで染みついてしまっているのですから……。
そして幾多の試行錯誤をする中で、ある「やり方」を見つけました。
その「やり方」については以降でお話します。
1人でも多くの「投資を真面目に考える人」が幸せになれますように……。
そう思って、本書を書きました。
以前の私を増やさないように！　と願って書きました。
ぜひ、お付き合いください。

2024年3月

山口　一生

第3章　オプション取引で人生を変えた人たち

第4章　オプション取引を身につけよう！

第5章　コールの売り・買い、プットの売り・買い、その違い

第1章　欲しい物は自由

1　自由を手に入れるために

当たるはずがないものを当てに行くな

あなたが欲しいものは何ですか？

どうやっても投資でうまくいかなかったとき、私はいつもこう考えていました。

「お金が欲しい」、「安定した利益が欲しい」、「大きな蓄えをしたい」と。

これ全部、お金起点の話です。

どうやって儲けるか？　稼ぐか？

それしか頭になかったのです。

ですから、睡眠時間を削って投資にのめり込んだり、家族との時間を削って投資に捧げたり、自分の時間を削って、自分をなくしたり……。

それが当たり前で、それしか、そんな生活しか知らなかったのですよ。

ですが、前書きにも書いたとおり、ある日、ふと気づいた、というか心の中からお告げがあったのです。

そのお告げとは、「本当にこれでいいのか？　違う生き方があるんじゃないのか？」という声です。

うん、確かにそうだ。他に生き方があるはずだ、そう思いました。

ですが、そこでまたまたと考えるわけです。

「自分には投資しかできない。他に何かを探すったって無理だ」と。

そう、当時の私には投資しかなかったのです。

そこでまたまた考えました。

「投資しかないのだったら、投資のスタイルを変えればよいのでは？」と。

それが先ほど話した、当てに行かない投資です。

当てようとするから難しいし、無理をする。

だったら当てようとしなければいいのだと。

本書の中に、何度も登場するフレーズですが、所詮、当たるはずがないもの、法則性も方程式もないものを当てに行くというのは間違いなく暴挙であり、実におかしなことです。

少し冷静に考えれば誰でもがわかるはずのこのことを、誰もが忘れてしまう。忘れ、何とか当てようと血道をあげるから、のめり込み、答えの出ない、先の見えない獣道を歩くことになる。

それでは疲れるだけだし、続くはずもなく、結果、途中で息絶えてしまう。

そういうことなのです。

だとしたら、どうするべきなのか？

どうすればその隘路に迷い込まずに済むのか？

そしてまたまた考えるわけです。

当てようとさえしなければ、これまでのようにパソコンとかチャートに時間を奪われることはなくなるのではないか？

少し偉そうに言えば、生活の主導権を自分に持ってくる、というか取り戻すことができるのではないか？　そう考えたのですね。

で、結局、得た結論。

自分が欲しかったのは、お金より「自由」だったんだ！　と。

自由さえあれば、自分らしさを失わずに済む。

自由さえ手に入れれば、もちろん時間に縛られることもない。

そこが重要なポイントでした。

で、その自由を手に入れるためのキーポイントはいくつかあることに気づきます。

■1日、一定の時間しか仕事をしない。

■毎日、ある程度ルーティンワークのような形で仕事をパターン化する。

■確実なリスクヘッジの方法を持つ。

この3つです。

これができれば、日々、一喜一憂せずにどっしりと構えていられるし、自由な時間もとれる。

そして、これができるということは、お金が儲かる仕組みができているということなのだから、結果、お金の心配もしなくてよくなる。

そんな考え方です。

毎日の投資に時間を犠牲にすれば、自分の時間がなくなる

そもそも、毎日時間を犠牲にしてやる投資には「使える時間勝負！」のような側面があります。

いかに時間をつくるか？

チャートに張りつき、変化を目を凝らして見つけ続ける。

「相手」がどう動くかなんてもちろんわからないわけですから、極論すれば一瞬たりとも目を離せない。

チャートに縛られ、支配されている状態。

そこに自分の時間などありません。

コンビニのおにぎりとペットボトルのお茶が当たり前。

カップ麺の仕上がりを待つ3分が取れない。

これってそもそも、「生活」とか「暮らし」とも呼べないもののような気がしました。

画面を睨みながら、こう動いたらこちらもこう動く。あっちに動いたら対抗策を取る、というような感じです。

常に泥縄のもぐらたたき。パッチワークのようなものです。

それをやっていると、結局、１日は24時間しかないわけで、いずれ時間破産します。

使える時間がなくなり、眠る時間すらもなくなる。

それが当時の私で、決して比喩ではなく、死を待つのみでした。

そう、チャートにしがみつく日々は〝緩やかな自殺〟だと気づいたのです。

それから私は、先ほどの３つの要素を実現すべく生活というか考え方をまるで変えました。

というか、変えざるを得なかったのです。

ですが、日々、外圧は襲ってきます。外圧というのは、情報です。

どれが正しくてどれがそうではないのか？　それすらも峻別できない情報という暴力が朝から晩まで私を襲います。

見ろ見ろ！　読め読め！　と脅迫して来ます。

が、読んだら、見たら最後！

またその情報に引きずられて動いてしまう。

まさに元の木阿弥です。

この外圧を断ち切るのが実は何よりも大変でした。

外圧を受けること、情報を仕入れることこそが日々のルーティーンになっていて、そのために時間をつくる。つくった時間でその情報の海に溺れ、どの情報を掴んだらよいのかがわからなくなる。

で、また、情報を選ぶための情報を探しに行く。

まさに地獄のループ、無限連鎖です。

その中から抜け出すには、外からの情報＝外圧をシャットダウンするしかありません。

扉が開いているから入ってくるし、見てしまう。

扉を閉ざすしかないのです。

よく、情報をシャットアウトするという場合、例えばですが、ＳＮＳで嫌なことを書かれたりした場合、シャットアウトする方法として「嫌な情報は見ない」という対抗策を取る人がいます。

私の周囲にも何人かいました。

ですが、みんなどうなるのかというと、よい情報は見に行っちゃうわけです。

で、ふと、嫌な情報が流れてくるのを目にしてしまう。

こちらがいかに「見ない」と決めても、相手は次々にやってきてしまう。

来るなと言っても来ちゃうわけです。

だから目に入り、視界をよぎる。

結果、見てしまうし、見えてしまう。

霊感の強い人が、霊を見てしまうといいますが、アレです。

見たくなんかないのに、見えてしまうのです。

嫌な情報を見ない唯一の方法

そのためにどうするか？

これ、答えは1つです。

SNSそのものを消去するしかありません。

見ないのではなくて、存在そのものを消すしかないのです。

要は、アカウント削除とか、退会とかそういうことです。

SNSの中にいるから、景色に目が行ってしまう。

だったら、景色そのものをなくすしかない。

私が取った手段はそれでした。

パソコンを見ないのではなく、立ち上げないのです。

仕事場の景色から画面という装飾物をなくすわけです。

もちろん、外圧がやってくるのはパソコンからだけではありません。

スマートフォンも同様です。

というか、ひょっとするとスマートフォンのほうが身近で、いつも肌身離さず持ち歩いているのですから、余計に厄介です。

スマホは株とか投資情報を得るためだけのものではなくて、一般の連絡とか投資以外の大事な情報を得るためのものでもあります。

さすがにこれを捨てるわけにはいかないし、立ち上げないわけには行きません。

ですが、気づいてみると、答えは簡単でした。

アプリを削除する！

それが唯一の答えでした。

ある日、ほぼ泣きながら投資関係のアプリをアンインストールしました。

本当に、泣きそうになりました。

毎日、日々、ずっと一緒にいた仲間と決別するようなものです。

哀しさと、苦しさと寂しさが襲ってきます。

ですが、「これも自由のためだ！」と歯を食いしばって削除しました。

そして私の、情報と向き合わない日々がスタートしたのです。

正直、最初はうまく行きませんでした。

そもそも、チャートを見る日々でした。

そこから、その見るべき対象が消えたわけです。

結論を言えば、することがなくなったわけです。

もちろん、その急激、劇的な変化に脳が付いていけないという面もあります。

本能的に、チャートやデータを見たくなるのです。

ですが、パソコンは立ち上げず、スマホも電源オフ。

情報は入ってこない、という状態が続きます。

「ここで負けたらお終い！」という危機感だけはとても強くありました。

元の木阿弥にはどうしても戻りたくない！　その一心で考え続けました、「何をすべきなのか？」を。

ですから、やるべきことをまずは決めよう！　そこからのスタートでした。

やらないことを決める

まず私がやったのは、決めることでした。

「何を決めるのか？」と言うと、先ほど話した3つのことを実現するために、やるべきことでした。

■1日、一定の時間しか仕事をしない

■毎日、ある程度ルーティンワークのような形で仕事をパターン化する

■確実なリスクヘッジの方法を持つ

考えているうちに、とても重要なことに気づきました。

それは、やらないことを決めることです。

それまでの日々は、朝から晩まで「何をやるか」との戦いでした。朝、目が覚めると「今日は何をするか」を考えていました。

その日にやるべきTODOリストなんていうものをつくって、そのリストをいかにこなすか？　に血道をあげていました。

なんの成果も手に入らない日でも、リストをこなしたという達成感を感じて

いました。これ、まるで意味がないです。

が、当時私の神経はまさに麻痺していたし、価値観が逆転していたのですね。

で、やらないことを決めるというお話に戻ります。

やらないことを決めるというのは、実につらいことです。

というのは、それまではやることが当たり前だったわけで、それを逆転させるというのはとても耐えられないくらいつらいわけです。

ですが、3つの目標を実現するためにはやってはいけないことがある。

それを決めて行こうと決めたわけです。

そもそも、何をやれば有効で何をやればよくないことが起こるのか？　その答えすら持っていないわけです。

答えがないのに、やることを決めているのはおかしくないか？　自分の胸に手を当てて、そう思いました。

何だかとても大きな勘違いをしている気がしたのです。

やってはいけないこと、やらないほうがよいこと。

経験上、明らかにマイナスにしか動かなかったものはすべてやめる。

また、プラスに動かなかったことは全部やめてみよう！

そう決めました。

そして、やめることを全部精査し、残ったものが、実は「本当にやるべきこと」なのではないのか？

そう決めたのです。

そもそも、チャートは見ないと決めたわけですから、一番大きな「ダメ」は一個消えたわけです。

ですが、当然ながらそれでは不足です。

これまでの経験知が、それはどうなの？　これもやらないといけないのではないのか？　と語り掛けてくるわけです。

ですが、その声の1つひとつに向き合いながら、「やらなくていい」「やるべきではない」とケリをつけていくわけです。

その作業を何日にもわたって続けて行きました。

もちろん過去の記憶を探り辿る行為も頻発します。

その中には、わずかな成功体験も含まれています。

よく、競馬をやる人やパチンコをやる人に対して言われることでもありますが、たまにうまく行くとその同じことがまた起こると信じてしまうわけです。

なぜそうなったのか？　なぜうまくいったのか？　の根拠も理由もわからないまま妄信してしまう。

ほとんどが失敗しているのにも関わらず、たまにある、ある意味、まぐれこそが自分の実力だと思い込んでします。

そして失敗したことは記憶から消えていき、成功したことだけが体験として残る。

これこそがまさにギャンブルの恐ろしさなわけですが、まさにそれと同じことが起こるわけです。

「あのときは成果が出た」

「あのときは儲かった！」

このようなプラス体験だけが蘇るのです。これを振り払うというか断ち切るのは、実に大変でした。

ですが、そこに無理やり客観性を持ちこみ「本当にそうか」「それは成功方程式といえるのか」と自問すると、答えは間違いなくＮＯ。

「まるで信用できない！」という答えに辿り着くのです。

そうやって精査の日々を続けていくうちに、徐々にですが、小さな光のようなものが見えてきました。

本当にやるべきことはこれとこれだ！　そのやるべきことを繋げていくと、これまでとはまるで違ったやり方が見つかりそうだ！　と少しだけ灯りが見えてきた気がしました。

そこまで来たら後はラストスパート。

一気に確立させるだけですが、その時点で、いわゆる「投資」とか「株」の常識といわれるものはまるで残っていませんでした。

私の真の再生が始まった瞬間でした。

あれもこれも、ではなく、これしかやらない。

そのためには何に絞ればいいのか？

そこだけを考え、やるべきことを選び抜きました。

考える、ということは誰にでもできると思います。

でも「考え抜く！」というレベルまで行動できている人は、どれくらいいるでしょう？

考え抜くということは、自分の脳が、「もう、これ以上はあり得ない！」と納得した状態。

そこまでやってなくて、自信を持って、「これで行こう！」などと言えるはずがありません。

そう、あなたがあきらめても、脳は決してあきらめないのです。

ですが、どうしても〝たった1つのアイデア〟を出しただけで満足してしまう。

それは寂しいです。

「もっと他にはないか？」と追及し続けた量が行動となって現れ、結果に繋がっていくのです。

そうやって見つけたのが、あるやり方です。

これについては後で詳しくお話します。

これは投資に限ったことではなく、なんでもそうなのでしょうが、やるべきことを絞り、他を捨てるのは容易ではありません。

とても勇気のいることです。

慣れとか習慣とかはなかなか払拭できるものではなく、結局、執着が邪魔をするのです。

執着を断ち切れ！

ここで執着について少しお話をすると、執着というのは、実は期待の幻想です。

ひょっとしたらよいことが起こるかもしれないと、脳が勝手に期待を抱くのです。

よくよく考えると、そんなよいことなんて起こりようもないのに、なぜか、「自分にだけは起こるのだ！」と信じ込むのです。

先ほども話しましたが、ＳＮＳなんかはまさにそれです。

会ったこともない友達が減ると、なぜか凹みます。

では、その会ったことがない友達から何かいい話が1回でもあったのか？と言えばそうではない。

でも、付き合っていれば、繋がっていれば、いつの日かいいことがもたらされるかもしれない！

そう思い込むわけです。

これが執着で、まさに期待の幻想です。

これって、投資とか株に向ける気持ちと同じですよね？

今までいいことが起こらなかったのに、「次こそは！」となぜか信じる。「何の根拠もないのに！」です。

今までゼロだったものはいくら掛け算を繰り返してもゼロなのに、なぜかゼロでなくなるのではないか？　と思い込む。

おかしな話です。

つまり、やり方を変えるというのはその執着を断ち切ること。

「ゼロは何度掛けてもゼロなのだ！」と気づくところから始まります。

私が見ている中でも、この執着が中々断ち切れない人が沢山います。

なんだかんだと理由をつけて、諦めないのです。

これが一番よくありません。

が、その執着を捨てることができれば、実は一気にやり方も変わり、見るべきポイントが変わり、結果、手に入る物もまるで変わってくるのです。

執着を断ち切る。

これ、難しいことではありますが、実は黄金のキーワードなのです。

執着を断ち切れ！

この後に登場してくれる私の仲間達の話にもあるとおり、執着というのは実にやっかいで、場合によっては１人の人生をも左右するくらいのものです。

これまでこうだったから、これからもこれでいけるだろう。

ずっとこうだったから変えなくてもよいだろう。

特に大きな問題はないのだから、このやり方を踏襲しよう。

これが執着の正体で、正直、1つもよいことはありません。

ですが、この執着から逃れるのには、並大抵でない努力と勇気がいることもまた事実です。

そもそも場合によっては、それまでに積み上げてきたもの、仮にこれが間違っていたとしても、すべて捨てる勇気が必要です。

加えて、ではこれからどうしたらよいのか？　というその時点では灯りが見えない未来に向かってやり方を組み立てなければいけません。

これはかなり苦しいです。

不安で目の前真っ暗だと思います。

ですが、「背に腹を代えられない！」という通り、どうにもならない状態に追い込まれると人は何とかするものです。

私の場合も、まさにそうするしかありませんでした。

それまでのやり方、ずっとこれでやってきたからとか、世の中ではこれが普通だからとか、有名な人がこうやれと言ったからなどというような、まさに執着の権化のような考え方を持っていた者が、一気に真逆の方法を取ろうとするのですから、これはきついです。

が、そのきつさを補って余りあったのが、「何とかしてこの状態から脱出しなければ！」という思い、執念でした。

とにもかくにもそのままでは明らかに上がり目はないわけです。それは断言してもいい状態でした。

ですからすべてを捨て、変える覚悟を決めたわけです。

失うものの怖さよりも、得るものへの希望が勝っている状態です。

これが私を呼び覚ましたのです。

ということで私は、新たな地平を切り開くべく、一気に具体的な行動に移し始めました。

2　誰のために働くのか?

「誰のために」を定めること

仕事って、いえ、収入を得ることと置き換えてもいいと思うのですが、誰のために働くのか?　ということもとても大切です。

ただ漫然と稼ぎたい、お金持ちになりたいと言っても、それでは絶対に長続きはしません。

ではどうするか?　と言えば、その誰のために、何のために、というのをきちんと定めることだと思うのです。

目標、気取った言い方をすれば、南十字星のようなもので、その場所さえ把握していれば、何かあったり、迷ったり、悩んだり、壁にぶつかったりしたときに、その場所に帰ればよいわけです。

ですが、その南十字星がなければ、どっちを向いて歩けばいいのか?　すらわからず、道に迷い、場合によっては遭難してしまいます。

事実、そういう人を多く見てきました。

誰のために……というのはその南十字星の役割を果たす概念でもあるのです。

もちろん、その「誰」が自分であっても構いませんし、家族や好きな人のために……というモチベーションのつくり方もあるでしょう。

あるいは会社とか勤め先のためというのもありです。

それはそれで問題はないと思います。

ですが、私の場合はそれでも少し弱いと考えました。

言い換えれば、何かもっと大きなもの、そんな自分を突き動かす何かが人生には必要なのだと思いました。

そしてずっと考えているうちに気づいたのです。

私は社会のために働きたいと。

普通は仕事をする場合、会社で働きます。で、会社のためという大義名分が生まれます。

ですが、どうも会社でやる、やらされる仕事というのは相性とか向き不向きがあって、「誰でもが会社のためにひたむきになれるか？」というと、そうではない場合もあるのです。

そんなとき私の中に浮かんだのが社会というキーワードでした。

「なぜそれが浮かんだのか？」というと、当時の自分＝つまり投資が上手くいかなくて困っている人を救いたい＝社会のため、という気持ちだったのです。

もちろん、当時の私はまだまだ暗いトンネルから抜け出せてはいない状態です。

自分こそが救ってもらわないと困る立場です。

ですが、その「自分のような人」「自分と同じような立場の人を救いたい」という思いは実に強烈なモチベーションになりました。

会社は仕事をする場です。

それは実に当然のようにそこにある考え方です。

ですが、実は会社は会社だけで成り立っているわけではありません。会社という字をさかさまにすると社会。

社会とのつながりの中で会社は成り立っています。

つまり仕事とか働くというのは、社会との繋がり、関わりがあって初めて成立するという当たり前のことに気づいたわけです。

「当時の私にとっての社会って何だろう?」と考えると、先ほど話した、投資関連で痛い目に遇っている人、困っている人、傷ついている人だったわけです。

もちろん自分も救いたいけれど、でも同じような苦しみを抱えている人の役にこそ立ちたい。

そういう人の笑顔を増やしたいという気持ちになったときに、ものすごいエネルギーが湧いてきたのです。

自分のためだけに頑張るという気持ちと、誰かを救いたいという気持ちで頑張るのとでは、まるで積んでいるエンジンが違います。

推進力に雲泥の差が出ます。

そんな思いに突き動かされながら、私は一気に新たなノウハウの取得に突き進んで行くのです。

3　標準化ということ

再現性のあるノウハウを確立する

世の中のために頑張ると決めたとき、次に考えたのは、標準化＝一般化、ということでした。

これはもう、何よりも重要なことだと思いました。

投資の世界は極めて属人的で個人的なノウハウ、経験知の世界です。

およそ、再現性の高いノウハウというものはありません。

それは最初のほうで話した通りです。

ですが、それではダメなのです。誰も救えない。

ですから、私が確立するべきノウハウの最優先は再現性でした。

誰がやってもやり方さえ間違わなければ、やり方さえ守ってくれれば、一定以上の成果が出る。

そういうものでなければいけません。

そうでなければ、とてもではないですが、「世の中のために！」などと偉そうなことは言えないのです。

つまり、いくら立派なノウハウを開発したとしても、それが他の人が使えない、使いこなせないものでは仕方がないということです。

この場合、名人芸とか達人の技は全く意味を成さないのです。

私もそれまで、そうした名人芸、達人の技を自分も使えると思い込み、いくつものノウハウに手を出し、お金と時間を使いチャレンジしてきましたが、そこで学んだもののほとんどは、「その人だけのもの」「すぐに消えてなくなる揮発性のノウハウ」としか呼べないものがほとんどでした。

また、「この人は天才だからできるけど、私には無理だ」と思うしかないような、その人だけの特殊なノウハウもありました。

少なくとも、自分がやるのならそれではいけない。

他の人を救うなら、誰でもができる、いわゆる再現性の高いやり方でないと話にならないと決めたのです。

そして、その再現性ということを考えたとき、極論すれば、「自分では何もやらないで成功する」。それが言いすぎだとすれば、「誰かの指示に従って行動すれば、必ず成果につながる！」というやり方がいいのではないか？

そう考えました。

言い方は悪いですが、指示通りにやれば答えが出ます。

もちろん、投資で１００％儲けが出るということはありません。

マイナスもあり得ます。

ですが、旧来の投資の考え方のように、何とかマイナスを取り返そうと無理をしてさらにダメージを大きくするようなやり方は絶対にしてはいけません。

仮にあるとしてもダメージは最小に、成果も、無理をして大穴を狙うよりは、着実にコツコツと成果を出すという確実性に重きを置こうと決めました。

例えばスポーツを例にとれば、コーチが書いたトレーニングメニュに従って日々練習すれば一定期間を続けることで、確実に記録が伸びる！　そんなイメージです。

そのトレーニングメニュをつくることこそが、私の使命なのだと思ったのです。

つまり、私が何らかの力を身につけて、そこで得た知見とか判断を他の人にもやってもらう。

言い換えれば、私が司令塔になって、指示を出すと、みんながその指示に従って行動してくれた結果、相応の利益が出るという仕組みをつくれないものか？　と考えたのです。

そのためには、あれこれと手を伸ばすのではなく、１つのテーマ＝対象を決めたらその仕組みを徹底的に理解し、利益を生み出す方法を仕組化します。

加えて、その仕組みを誰でもが運営できるように簡素化します。

そこまでやらなければ、

■1日、一定の時間しか仕事をしない

■毎日、ある程度ルーティンワークのような形で仕事をパターン化する

■確実なリスクヘッジの方法を持つ

この3つの条件を、同じ悩み、困難を抱える人たちと共有することはできません。

そう考えたとき、目に飛び込んできたのが、オプション取引でした。

このオプション取引に出会ったとき、私の全身に電流が走りました。

「私が求めていたのはこれだ！」

「これならみんなが共有できる仕組み化ができる」

私の直感がそう教えていました。

そして私はオプション取引を必死に学ぶのですが、そのお話は第3章でします。

第2章

パソコンに朝から晩まで貼りつく生活では人生の時間を浪費するだけ

1　投資って「身を削るモノ」ではないはず

自由を手に入れるための投資で、日々がんじがらめになっていないか

投資って、チャートの動きから、一瞬たりとも目を離してはいけない！

そんなイメージを持っていませんか？

たしかにそういう側面もあるかもしれません。

でも、それだと、決定的な問題が生じます。

そう、パソコン、チャートにしがみついて、他のことをする時間が取れなくなる、という問題です。

これ……なんかおかしくないですか？

チャートを気にするあまり、他に振り向ける時間がまるで奪われているとしたら……。それはおそらく、正しい方法ではないのです。

投資＝チャートに付きっ切り、ではありませんよね？

他にも、もっとやらなくてはいけない大切なことが沢山あるはずです。

それをやれなくしている「チャートに張りつく行為」は間違っているのです。

おそらくですが、あなたは主に金銭面からの自由を手に入れたくて投資を始めたはずです。

ですが、その自由を手に入れるために始めた投資で、日々、がんじがらめになっているとしたら……。

それはまるで本末転倒です。

大いなる自己矛盾ではないでしょうか？

投資はそうやって身を削りながらやるものではは本来、ないはずです。

というか、もっと軽やかに、気持ちよくやれる投資の方法があるはずです！

そこから始めてもいいと思うのです。

もちろん、それが生半可なモノではないこともわかっていますし、かなり無謀なチャレンジであることも当然です。でも、やると決めたからにはやる。そういうことです。

2　予想＝当てようとすることが諸悪の根源

所詮は当たるも八卦の世界

そもそも、チャートの上下はランダムなものです。

所詮は「当たるも八卦」の世界。

釈迦に説法でしょうが、株の変動は、数えきれないほどの要因が重なり合い、影響しあって創られています。

今、これを読んでくれているあなたも、これまで色んな経験を重ねてきているはずです。

そして何より、多くの勉強をしてきているはずです。

あなたが勉強熱心なことは、今本書を読んでくれていることで、すでに証明されています。

さて、あなたに質問です。

あなたは過去に、テクニカル分析、ファンダメンタルズ分析とか、割安株（PER、PBR）などをやりませんでしたか？

おそらくやったはずですよね？

真面目に一生懸命勉強をして、その知識を駆使してやったはずなのです。

ですが、それでうまくいきましたか？

そもそも、上がるか下がるかなんて、統計の原則に寄れば、サイコロとかコイントスみたいなもので、最終確率はサイコロだと6分の1、コイントスならば50％とかのはずです。

一時的にはその範囲から逸れたとしても、それは所詮、誤差。

ずっと回数を重ねて行けば、必ず一定の数値に収れんします。

これ、確率論ですから当然なのです。

要は、簡単に言い切れば、「あなたの思う通りにはならない」のが統計です。

ですが、投資家の多くは、なぜか数字が「自分にだけは都合のいいように動いてくれる」と信じ込んでしまいます。

自分に向いてだけ風が吹くと思い込むのですね。

フビライ・ハンの野望を打ち砕いた、元寇の時の神風みたいなものはそうそう吹くものではないのです。

こうすれば勝てるというアプローチを捨てよう

当たるはずだ！

そもそも、そう思っていることが違っているということに気が付いて欲しいのです。

勉強、経験知、それを積み重ねればうまくいくんだったら、すべての投資かが成功しているはずなのです。

ですが、そうはなっていない。

頑張っても、やってもやっても、上がって欲しい株が落ちていくばかり……

という経験、誰もがしています。

それっておかしくはないですか？

だからこそ、今まで誰かがつくった「こうすれば勝てる」というアプローチを捨てて、まるで異なるアプローチをするべきなのです。

それが本書で解説させていただく手法です。

3　「勝てる投資」と呼ばれるものの正体は、天才の閃きと偶然

解説は結果論

世の中に天才はいます。

理屈ではなく、何か特別なものを感じ取る人はいます。

そんな特殊な才能のある人がいるのです。

彼らは、そうした「直観」とか「勘」、シックス・センスのようなものを備えています。

そして、それに従って動き、結果を出します。

で、結果が出てから、「あれはこうだ」「これはこうした」と語ります。

そう、すべて結果論です。

だって、その根拠は得体のしれない「直観」とか「勘」、シックセンスなのですから、理論立てて解説することなんてできません。

できないからこそ、終わった後の後づけ解説に終始するのです。

多くの人が予言が好き

人は、予測が好きです。

例えば、右肩上がりの時系列グラフを目にすると、次の年もまた上がるとみてしまいます。

何の根拠もないのに……です。

例えば、旦那さんが起業するとします。

旦那さんは成功を信じて疑いませんが、奥さんは「無理だ」と止めます。

この場合、旦那さんの「成功する」も奥さんの「無理だ」も、どちらも何の根拠もないことです。

ですが、旦那さんが失敗すると「ほら、私が言った通りでしょ」となります。

いっぱしの予言者気取りです。

話は変わりますが、ものがあなたをめがけて飛んで来たらよけますよね？

これは、このままだと当たると予測するからよけるのです。

でも、その「もの」はあなたの予測通りの軌道を描かないかもしれない。

それを間違えば死んでしまいます。

いくら優秀な企業でも、派手な不祥事が一発明らかになれば、即アウト。

ですが、どんな不祥事があるのか？　いつそれは表に出るのか？　なんて誰もわかりません。

もしわかるとしたらそれはもう、完璧なインサイダー取引です。

で、ここまでお話してきて、「予測なんてできない」とか「予測通りになんていかない」ということはご理解いただけていると思うのですが、その「理解している人」ですら、目の前にチャートがあると、非科学的に「こうなるはずだ」と信じてしまうのです。

専門家の意見とやらがいかに当てにならないかはコロナの騒ぎを見れば一目瞭然です。

この国の知識の粋を集めた政府の専門家会議の座長が、2021年の年末に何と言ったか憶えていますか?

「理由はわからないが、コロナは一気に減りました」です。

これが実態であり、これこそが事実です。

ランダムでないものですら予想はこれほど難しいのに、ランダムに動く相場の値動きなんて予想できるわけもなく、それは「神様ですら無理!」ということなのですよ。

神様ですらわからないことにチャレンジするのですから、傍から見れば「無謀」でしかないでしょう。ですが、誰もやったことがないこと。無謀かどうかも後でわかることです。だとしたら今、やってみよう。勘とか経験知という得体のしれない何かではない、もっと明快なモノを掴もう! そう決めたのです。

4　まずは、予想しないと勝てないという思い込み・刷り込み・洗脳・呪縛から抜け出そう

オプション取引のすすめ

大事なことなのでもう一度書きますね。

予想はやめましょう。

予想をやめることによって、チャートに張りつく時間が減ります。

他のことに振り向ける時間が増えます。

人間らしい生活を取り戻すことができます。

そして、その状態こそがあなたが求めていたものではないですか？

「でも、予想を止めたからと言って、勝てるわけではないよね？」

「一体、何をすればよいのか？」

今あなたのそんな声が聴こえました。

そうですよね？

ではここで、何をやるかを決めてしまいましょう。

それは、オプション取引です。

オプション取引についてはおいおい解説して行きますが、このオプション取引を使うと、「値動きのリスクを最小に」「利益は最大に」という手法が可能になります。このような手法をすればいいのです。

リスクヘッジの仕組みがキチンと組み込まれた、いわゆる「当たるも八卦当たらぬも八卦！」の投資とは真逆と言ってもいいポジションにいる手法です。

どん底だった、自殺寸前だった私を救ってくれたのも、このオプション取引を活用した手法でした。

正直、オプション取引と聞くと「難しそう」と感じるかもしれません。

本当に成果は出るのか？　と疑うかもしれません。

でも、私は断言しますし、この手法を身につけてから人生を変えた人たちが沢山いるのもまた事実なのです。

第3章　オプション取引で人生を変えた人たち

この章では、予想しないトレード術で人生が変わった3人を紹介します。投資に挑戦するも、なかなか上手くいかずに奮闘していく中で、予想しないトレード術と出会い、どのように変わっていったのでしょうか。

1　オプション取引で人生が変わった！カドノさんの場合

1人目は、45歳の電気部品の販売営業として働く会社員のカドノさんです。カドノさんは、自分で投資をしていたときに約440万円の損失を出してしまい、途方に暮れていたときに予想しないトレード術と出会いました。

カドノさんの体験談①山口さんと出会うまで

私は、山口さんと出会うまでは株式投資や投資信託をしていました。初めのうちは投資の才能があると感じていましたが、5年ほどで約440万円の損失を出してしまいました。

妻にもばれて家族の生活も困った状況の中で、どうにかしないとと思っていたところ、山口さんの YouTube と出会いました。

YouTube の中で山口さんが言っていた「予想するから負ける。相場の予想は誰にもできないし、未来は誰にもわからない」という言葉に、強い衝撃を受けたそうです。

私はどうにか妻を説得して、今まで通りのギャンブルトレードではなく、山口さんの予想せずにシステム的に安定して増やしていく方法に挑戦しました。

世の中には、投資についてのたくさんの情報や商材があり、自分が今までやってきたことと比較しながら取捨選択をしました。そして、最後に残ったのが山口さんの予想しない投資術でした。

４４０万円という損失を出し、落胆していたところで、たまたま山口さんと出会うことができました。

この出会いが以降の私を劇的に変えるのです。

カドノさんの体験談②山口さんと出会って変わったこと

山口さんと出会い、山口さんが発信しているルール通りに投資を進めていくと、安定的に資産が増えていきました。

自信もつき、このままもっと増やしたい欲求も出てきました。

そのまま山口さんの言う通りの方法で、コツコツと進めていけばよかったのですが、私はリスクを取りながら大きく増やすことを求めてしまいました。

会社員で残業が多く、早くこの状況から脱したいという焦りもありました。

その結果、また１００万円以上の損失を出してしまいました。

この経験から「ルール通りにやることが、資産を増やす1番の近道だ」ということを学びました。

それからの私は、ルールを破らずに言われた通りのことを淡々と進めていき、毎月安定的に増やしています。

山口さんのルール通りに進めていけば、初めの４４０万円の損失回収し利益にできる日も近いです。

カドノさんの体験談③山口さんの手法とは

山口さんの手法は、市場を予想せずにルール通りに運用を行い、確実に資産を増やす方法です。

日経平均株価に沿って自動的に算出される数値通りに、日経平均先物を売買するだけなので時間に縛られません。

1日5～10分ほどの作業で資産を増やすことができるので、会社員として働きながらでも継続できます。

企業分析をしたり、予想をしたりしなくてもいいので、メンタル的にも安定します。

メールで山口さんの結果も発信してくれるので、自分の結果と見比べて答え合わせもできるので、自信にも繋がります。

他の投資手法と違って、教えてくれる先生と同じ結果が出るので、先生への信頼にもつながります。

これは何よりも嬉しく、心強いことです。

2　オプション取引で人生が変わった！カワシマさんの場合

2人目は、親の介護をしながら金属加工の会社で働く会社員のカワシマさんのです。

カワシマさんは、独自に投資をして、累計数百万円の損失を出してしまいました。株式投資のみでの損失額は正確には覚えていないようですが、100万円前後だのことです。

どうしようもなく呆然としていたカワシマさんに、希望という光をくれたのが、予想しないトレード術だったそうです。カワシマさんは素直に「それを信じてみよう」と決めたのです。

カワシマさんにとって、それはまさに運命の出会いだったと言います。

カワシマさんの体験談①山口さんと出会うまで

私は山口さんと出会うまで、高配当株や成長株などに投資をしていました。実際のところ、あまり上手く運用できておらず、勝つことよりも負けることのほうが多かったです。

会社員として働きながらの投資だったので、仕事帰りに銘柄を探したり、財務諸表を読んだりして分析を行っていたので、時間的に余裕がなかったです。投資をしていた期間は15年くらいで、深く勉強したりはせず、たまに本を読んでいたくらいでした。

私が山口さんと出会ったのは、鞘取りで50万円ほど勝ったのは束の間、結局50万円の損失を出し、落胆していた時期でした。

50万円の損失が出たことで、オプション取引や先物に挑戦しようと考えました。

私は、大学時代に会計学のゼミに所属していたこともあり、ある程度仕組みを知っていたので、再び勉強してみようと思ったのです。

そこで、YouTubeで情報を探していると、山口さんの動画に出会いました。YouTubeで公開されている情報だけでも、山口さんのオプション取引に対しての理解の深さを感じました。

山口さんに興味を持った私は、商材の購入を検討しました。

ネットで商材を買うのには、多少の不安と抵抗がありましたが、山口さんに限ってはそんなことはないだろうという安心感から、思い切って購入しました。

YouTubeやネット上で公開されている投資の心理や、オプション取引の仕組みの情報から、山口さんの言うことは信頼できるという確信がありました。

カワシマさんの体験談②山口さんと出会って変わったこと

山口さんと出会ってからというもの、今まで情報収集や分析にあてていた多くの時間が、たった1日10分に減りました。

山口さんのルール通りに進めたところ、現在で約400万円くらいの利益を出しています。

一度、別の方法で試してみて約４００万円の損失を出したことがあるので、山口さんの手法での実際の利益は約８００万円ほどになると思います。

現在は会社を退職し、親の介護をしながらオプション取引と農業のバイトをしています。

時間もお金も確保できるので、今後も山口さんの手法で続けていきたいと思っています。

カワシマさんの体験談③今困っている人に向けて

山口さんと出会って人生が好転した経験から、オプション取引に興味がある人には山口さんの手法を試してもらいたいのです。

山口さんの YouTube では、最近はやりのインデックス投資よりも成果の出る方法を無料公開しています。

それらを見ながら地道に頑張ってみて、山口さんを信頼できると感じたら、本格的に始めてみてほしいです。

私から言えることは、信じて大丈夫ということです。

3　オプション取引で人生が変わった！フクダさんの場合

3人目は、55歳で市役所を早期退職し、その退職金を元手にオプション取引をしながら、全国津々浦々のベテランテニス大会に飛び回り、充実したテニス人生を過ごされているフクダさんです。

フクダさんは、テニスが大好き過ぎて、残りの人生において徹底的にテニスをやりきるためには、サラリーマンを続けるよりも、投資で稼げるならばそれが一番だと考え、ＦＸの猛勉強を始めました。

しかし、どんなに勉強しても、経験を積んでも、ＦＸでは全く稼げず、途方に暮れていたときに予想しないトレード術と出会いました。

フクダさん曰く、この出会いは、まさに福音だったとのことでした。

フクダさんの体験談①山口さんと出会うまで

オプション取引を始める前は、ＦＸをやっていました。

残念ながら、ＦＸでは貯金をすべて失い、大失敗に終わりました。

当初は、本や雑誌、ウェブサイトを使って、基本から応用まで幅広い情報を収集しました。

その後、独学では限界を感じて、情報商材を買い漁り、有名なトレーダーや専門家のセミナーにも積極的に参加しました。

リアルトレードにおいては、デイトレードやスキャルピング、スワップ、鞘取り、高額ＥＡなど、様々な取引方法やツールを試してみました。

しかしながら、どんなに優れたＥＡを手に入れても、そのときの相場状況を判断し、どのＥＡを選択するかは自分の判断に委ねられます。

そして、最終的な判断は自分の「予想」と「直感」に依存します。

私の場合は、この「予想」と「直感」に自信が持てず、エントリーした後はいつも不安が付きまとい、メンタルが持ちませんでした。

結局ＦＸでは、どれだけ勉強し経験を積んでも、「予想」と「直感」の才能がなければ、稼げないことを悟りました。

フクダさんの体験談②山口さんと出会って変わったこと

ＦＸを諦めてから、ほかの投資について情報収集していたところ、日経225先物オプション取引に関する日本一のプロがセミナーを開催するという情報を入手し、そのセミナーに参加してみることにしました。

なんと、たまたま、そのセミナーに山口さんも生徒として参加していました。

当時、山口さんは、独自に考えたオプション取引の戦略を、プロの先生に提案し、難易度の高い専門的な質問をしてプロの先生を困らせていたのを覚えています。

セミナーの中で、プロの先生が、今回出席の生徒ですばらしい戦略を教えてくれた方がいると、山口さんのことを紹介していたのが印象に残っています。

そのセミナーは、高額な商材を売りつけようとしている雰囲気が見え隠れしており、直感的に胡散臭いと感じていました。

しかし、日経225先物オプション取引に関しては、戦略次第では上手くいく可能性があると感じていました。

プロの先生に対しては、あまり信用できないと感じていましたが、山口さんに対しては不思議と信用できる人だと直感しました。

山口さんに近づきたいと思っていたときに、ご縁があり、直接会って食事をする機会がありました。

そこで、繋がりを持つことができ、その後、メールでやり取りをしていました。

数年後、山口さんはオプション取引を完全マスターし、YouTubeやブログで「予想しないオプショントレード」の情報発信をしていました。

そして、オプション取引の投資塾を始めたのを知り、人柄的に信頼できる方と知っていたので、入塾することを決めたのです。

山口さんの発明したオプション取引の戦略は、証拠金250万円で、毎月エントリーと決済を繰り返し、勝率7割～8割。年間で50～100万円の利益が得られるという驚くべきものでした。これは証拠金に対して年間で3割から4割の利益率をもたらす手法であり、まさに非現実的な話のように感じられました。

イチローの打率だって4割に届かないのに、ここまでの成功率と利益を出す手法が本当に存在するのかと。

また、先物取引は専門的でリスクが高いという先入観もあり、素人には手を出すべきではないと考えていました。

山口さんからその手法を伝授された後も、FXでの大失敗がトラウマとなっていて、怖さと不安からすぐにリアルトレードに踏み切ることができませんでした。

実は、1年近くもの間、その手法の実力を検証し、詳細に吟味し、トレードをせずに観察し続けました。

その結果、この手法の理論と結果が一致し、この手法は「問答無用」だということに気づきました。

山口さんの手法をそのまま学び、パクることが最善の方法であり、山口さんと同じ手法を使うことで、山口さんと同じ結果を得ることができるのです。

山口さんが試行錯誤とトライアンドエラーを重ねて築き上げたこの手法は、日本一、世界一の手法であり、究極の発明だと思います。

山口さんとの出会いにより、揺るがない投資スキルを身につけることができ、経済的に安定的な未来を手に入れられたことに本当に感謝しています。

市役所を早期退職する決心ができたのも、山口さんとの出会いがあったからだと思います。

現在、親の介護をしながら、全国津々浦々のベテランテニス大会に飛び回って、豊かで幸せな人生を送れているのも山口さんとの出会いがあったからだと思います。

「何を学ぶか」よりも「誰と出会うか」が大切であると感じました。

成功するために必要なこと

いかがですか？　予想しないトレード術との出会いから大きく人生の方向修

正をして、不安や疑心のない人生を送っている3人の方。彼らの日々には、いわゆる「投資」をやってた時代とは異なる、本物の笑顔があります。

そしてその笑顔を生んでいる源泉は「自由」です。自由がない状態は人を暗くします、ネガティヴにします。何より疲れさせます。疲れている状態で何かをやろうとしても、それは当然うまくいきません。ますます疲れるだけです。ますます疲れた状態でさらに何かをやろうとすれば、その失敗確率はますます高くなります。

これこそが、いわゆる投資の罠なのです。

成功に必要なのは、健全な状態の肉体と精神。安定した気分です。

それが維持できていれば、間違った判断をする可能性も激減しますし、判断の的確性も上がります。

要はシステム化です。一定の決まりをつくり、その決まりの流れに沿ってできるだけ簡素化した作業に徹する。実はそれが成功への最短距離なのですよ。

あなたもチャレンジしてみてくださいね。

第4章　オプション取引を身につけよう！

1　「オプション取引」とは

オプション取引というのは

まず、そもそも「オプション取引」とはなんぞや、というところから始めますね。

オプション取引というのは、簡単に言うと「金額が上がったり下がったりする『何か』を売ったり買ったりして、その差額で利益を得る金融商品の一種」です。

そういう意味では、株やＦＸと同種のものであると言えます。

ただ、オプション取引には、これらの金融商品とは決定的に違う部分があります。

それは「オプション取引で売ったり買ったりする『何か』は、株券や通貨などの『もの』ではなく『権利』」だという点です。

「権利」の売買……？

ちょっとややこしくなってきましたね。

でも、安心してください。

正直言うと「権利の売買とはどういうことか」がよくわかっていなくても、オプション取引は始められます。

そして、取引をするときにいつも「俺は今『買う権利』を買っている！」などと思う人も、実際はあんまりいません。

ほとんどの人は、ただ「コール・オプション（※）を買っている」と認識しているものなのです。

※「コール・オプション＝買う権利」ですが、だいたいは「コール・オプションという名前の金融商品を買っている」としか思っていないわけですね。

例えば、あなたも「底辺×高さ÷２」の公式を使って三角形の面積を求めるときに、いちいち「同じ三角形をひっくり返してくっつけてひし形にして、それを半分に……」などと考えたりはしませんよね。

それと同じです。

公式のそもそもの成り立ちはぼんやりとしか覚えていなくても、正しく使えれば問題なしです。

オプション取引でも「どういう値動きをするか」とか「どういう時に得をするか」など普段の取引に必要な知識を身につけることのほうが、「権利の売買とはどういうことか」を完璧に理解するよりもずっと大事なことなのです。

とはいえ「なぜそうなるのか」を理解するのは悪いことではない、というか、もちろん知っておくに越したことはありません。

ですので、そのあたりについては後ほど改めてお話しすることにしますね。

ともかく、今はとりあえず
・「コール・オプション」＝「買う権利」と言われているもの
・「プット・オプション」＝「売る権利」と言われているもの
そして、これらを売り買いすることが「オプション取引」、ということだけ押さえておけばＯＫです！

さあ、少し楽な気持ちになっていただけたでしょうか。

それとも「やっぱり難しそう……」と、まだ不安に思っていますか？

やり方によっては自分の想定以上の損は絶対にない取引

それでは、そんなあなたに「オプション取引についてもっと知りたい！」と思ってもらえるように、先に「オプション取引のここがすごい！」という点をちょこっと先出しでお伝えしますね。

まず、オプション取引では、やり方によっては「自分が想定している以上の損」は絶対にしません。

これは、何がどう大暴騰しようと大暴落しようと、絶対にしません。

オプション取引は「損失限定」とか「保険に似ている」などとよく言われますが、それはこの「ある一定以上の損失が出ない」という特徴があるからなのですね。

また、オプション取引は、他の金融商品よりも少ない資金で始められます。

「難しくてハードルが高そう！」と思われているかもしれませんが、実はその逆です。

それぞれの商品（「コール・オプション」「プット・オプション」）の価格そのものが低いので、スタート時のハードルもびっくりするほど低いのです。

そして何より特徴的なのが「やりようによっては、対象物の金額が上がりも下がりもしないときでも利益をあげることができる」という点。

これってすごくないですか？

例えば最初にご紹介した株やＦＸは、単純に「差額で儲ける」という性質上、上がるか下がるかで「差」が出ないとお話になりません。

が、オプション取引には「コール・オプションの買い／売り」「プット・オプションの買い／売り」の４種類があります。

これらをうまく組み合わせると、なんと「対象物の価格が停滞しているとき」でも儲けを得られたりするのです。

損失リスクを抑えられ、少ない資金で取引ができ、どんなときでも利益をあげられる……そう、今や「オプション取引こそ最強の金融商品」と言っても過言ではありません！

2 「権利の売買」について

権利チケットの例で見ると

突然ですが、あなたは観劇が大好きで、近々上演される予定のとある演目……そうですね、「エリザベート」を観たいと思っているとします。

この舞台の上演日は、今から3か月後の12月15日。（今は9月の半ばと仮定）あなたはスケジュール帳の12月15日にハートを書き込んで、わくわくしながらチケットの購入方法を調べ始めました。

ところが、この「エリザベート」、困ったことに、現時点ではチケットの値段が定まっていません。

なんと、上演日までのむこう3か月間、様々な周辺事情を受けて上がったり下がったりします。
そして、最終的に価格が決定するのは上演当日の12月15日だというのです。
ちなみに「様々な周辺事情を受けて」というのは、例えば
・大物作曲家が新曲を書き下ろすことが決定！
↓演目の価値が上がるので価格も上がる
・出演予定だった人気若手俳優がおりた！
↓演目の価値が下がるので価格も下がる
というようなことです。
実際は、チケットにはほぼ定価があるのでこんなことはないのですが、まあ非公式な取引だと割と起こりうることですよね……。前評判が高かったり、開演したあと評判がよかったりすると、どんどん後半の日程のダフ屋価格が上がっていくこともあるでしょう。
9月半ば現在、「エリザベート」のチケット価格は1万円（仮）となっていますが、12月15日当日にいくらになっているかはわかりません。

もしかすると、２万円、３万円にまで上がってしまうかもしれません。

チケットを必ず１万円で買えるクーポンを５００円で売る

たしかに「エリザベート」は観たいけど、そこまで高額だとちょっとツライです……。

さてどうしよう、と悩んでいるあなたの前に、とある人物が現れてこう言いました。

「3か月後の12月15日に『エリザベート』のチケットを必ず1万円で買えるクーポンを売ってあげるよ！　５００円でどう？」

……さあ、あなたならどうしますか？

もし3か月後にチケット価格が3万円にまで上がっていたら、普通なら３万円出さないと「エリザベート」は観られません。

でも、先に５００円だけ払ってこのクーポンを入手しておけば、１万円でチケットが買えるのです。

実際は3万円の価値がある物（チケット）が、1万円で手に入る。

これは、どう考えても断然お得ですよね！

一方で、3か月後にチケット代が1万円を下回っている可能性もあります。

もしかしたら制作の過程でグダグダになって、最終的なチケット価格は5000円になってしまうかもしれません。

そうなると、約束の金額である1万円でチケットを買ったら当然損をします。

でも大丈夫。

その場合は、500円で買ったクーポンはポイっと捨てて、普通に5000円でチケットを買えばいいのです。

「クーポン代は無駄にはなったけど、そこまで高額でもないし、まあいいか」というところですね。

さてここで、改めてこの「クーポン」について考えてみます。

この「クーポン」で売買された物の実体は、一体なんなのでしょうか？

あなたが500円で買ったのは「これを持っていれば、必ず公演当日に1万円でチケットが買えるというクーポン」です。

つまりこのクーポンが保証しているのは「公演当日に１万円でチケットを買う『権利』」なわけです。

買う権利（オプション取引）

さあ、ここでついに「買う権利」という言葉が出てきました。

そう、これこそが「権利の売買（オプション取引）」であり、このクーポンが「コール・オプション＝買う権利」のことなのです。

「権利」なのでおわかりかと思いますが、もしあなたがこれを保有していたとしても、必ずしも行使する必要はありません。

この権利を「買った」人は、自分が得するときだけ権利を行使し、損する場合には権利を放棄することができます。

さきほどの「チケットが１万円を下回った場合はクーポンを捨てればいい」というのはこういうことです。

そしてこの場合、あなたが損するのはクーポン代の500円のみ。チケット代がどれだけ下がっても、クーポンを捨てる＝権利を放棄すれば、これ以上の損失はありません。

これが「オプション取引（の買い）は損失限定」と言われる理由です。

いっぽう利益については、チケット代がいくらまで跳ね上がるかはわからないので「オプション取引（の買い）の利益は無限大」ということになります。

では、今度はこのクーポンを売った人の立場で考えてみます（オプション取引では誰もが買い手にも売り手にもなれるので、どちらのパターンも知っておく必要があります）。

あなたがもしそのクーポンを売った人物なら、公演当日にクーポンを持ったお客さんが「1万円でチケットを売ってくれ」と言ってきたら断ることはできません。

これは当然ですよね。

お客さんはクーポンを買うことで「チケットを1万円で買う権利」を手に入

れたのに、「売り主の都合で断られることもある」となったらクーポンを買う意味なんてありません。

「必ず」チケットを買える保証があるから、皆クーポンを買うわけです。

ですから、売り主目線で見ると、オプション取引で生じるのは権利ではなく「義務」となります。

売り手と買い手はすべてが逆

それ以外も、売り手と買い手はすべてが逆です。

さきほど、オプション取引の買い手は「損失限定・利益無限大」と書きましたが、それも逆となると――そう、売り手は「利益限定・損失無限大」なのです。

売り手に利益が出るのは、チケット価格がクーポンで保証した額＝１万円を下回って、お客さんが引き換えに来なかったときだけです。

その利益も、クーポン代の５００円より多くなることはありません。

そして、実際のチケット価格がどんなに高くなっても、１万円で売らなければばならないので、それが何円だとしても、1万円を超えた分だけ損をします。果てしなく、上限なく損をします。

……さて、「買い手は損失限定・利益無限大、売り手は利益限定・損失無限大」という今の話を聞いて、あなたはこう思わなかったでしょうか。

「どう聞いても買い手のほうがおトクそうだけど、これで売り手側に回る人なんかいるの？」

結論から言うと、もちろんいます。

では、それは一体なぜなのか……というあたりは、もうちょっと先の章で説明していきますので、少々お待ちくださいね。

オプションプレミアム

最後に補足です。

この「オプションの価格（今回の場合はクーポン代＝５００円）」は「オプション価格」または「オプション・プレミアム」、もしくは単に「プレミアム」

と呼ばれています。

「オプション・プレミアム」と聞いてもあまりぴんとこないかもしれませんが（私もです）、単純に「オプション価格」のことなので、ぜひ覚えておいてくださいね。
※慣れるためにも、本書の中でも今後は積極的に「オプション価格」のことは「プレミアム」と呼んでいこうと思います！

3　「日経225オプション」で考える

オプション取引の対象となるのは原資産

さて、ここまで「エリザベート」のチケットで話を進めてきましたが、実際のオプション取引で対象になるのは、もっと金融商品っぽい別のものです。

例えば、株式、株価指数、為替、債券、金銀プラチナ、穀物、食品など……それはいろいろなものがあります。

ちなみにこの「オプション取引の対象になるもの」のことは「原資産」といいます。

この「原資産」という言葉は今後もたくさん出てくるので、とりあえず押さえておきましょう。

「オプション取引で対象となる、価格の変動するいろんなもの＝原資産」です。

ええ、そんなに種類があったら選ぶのが大変そう……と思われたあなた。

安心してください。

実は、様々な原資産で活発にオプション取引が行われているのは、現時点では海外のお話です。

日本では日経225オプションに限られている

日本で最も盛んに取引されているのは「日経平均株価」を原資産とする「日経225オプション」に限られているのです。

ですので、ここからは主に「日経225オプション」をベースに話をすすめていきますね（と言っても、あともう少しだけエリザベートにはご登場願うことにはなりますが）。

さきほどの例では、あなたは「エリザベート」を観たかったことになっていますが、本当は舞台には全然興味がなくて「エリザベートは人気演目だから転売したら儲かりそうだ、ひひひ」という動機でチケットを入手したがっていたのだとしましょう。

その場合、あなたが上演日にチケットを入手できたとしても、もちろん自ら使ったりはしません。

そのときついている値段で、ノータイムで誰かに売り飛ばすだけ。

となると、例えば最終的なチケット価格が２万円だとすると、あなたが手に入れたのは「２万円のチケット」というか、もはや「２万円そのもの」とほぼ同義です。

実を言うと、実際のオプション取引もこんな感じです。

取引をしている人のほとんどは「原資産」を手に入れたいわけではなくて、

転売によって利益を得たくてやっています。

それは、原資産が株式でも金でも小麦でも同じこと。

だから「日経平均株価」のように実体のない、「もの」ではないものでも原資産になり得るわけですね。

さあ、それではいよいよ、実際にあなたが行うであろう「日経225オプション」の取引について詳しく見ていきます（さようならエリザベート）。

日経平均株価の上がり下がりがオプション取引のキモ

まずは原資産について。

これはさきほどもお話しした通り、「日経平均株価」です。

日経平均株価の上がり下がりがオプション取引のキモとなる……これは、チケット価格の変動が、というよりよほどわかりやすいですよね。

次に、取引に必要な情報について。

オプション取引とは「決まった日にちに決まった価格で原資産を売買する『権

利』を売ったり買ったりする取引」のことです。

ＳＱ日

この「決まった日にち＝取引最終日（エリザベートの例だと上演日）」のことを「ＳＱ日」といいます。

そして日経２２５オプションのＳＱ日は基本的に1か月に一度、第2金曜日なので、この「ＳＱ日」がやってくる月＝取引が終わる月のことを「限月」と呼びます。

実際の取引では、この「限月」を使って売買をしていくことになります。

例としては「限月が12月、権利行使価格が2万円のコール・オプションを1枚買います！」という感じになるわけです。

今、しれっと「権利行使価格」という新しい言葉が出てきましたが、これについてはのちほど詳しく説明しますので少々お待ちください！

理解が進むほどうまくいくのが、オプション取引ですから。

4 「コール・オプションの買い」を例に説明すると

日経225のコール・オプションとは

最初に、ちらっと「オプション取引にはコール・オプション（買う権利）の買い／売り、プット・オプションの買い／売り」の4種類がある、とお話ししたのは覚えていますでしょうか。

もちろん本書を読み進めていけば、最終的には4つともわかるようにはなるのですが、ただ、いっぺんに詰め込むと「オプション取引ってやっぱり難しいじゃん！」と感じてしまうかもしれません……。

なので、ここではまず、4つのうちの1つ、「コール・オプションの買い」だけを例にとって話を進めていきたいと思います。

日経225のコール・オプションとは、簡単に言うと「ある決まった日（限月SQ日）に日経平均をある金額で『買う権利』」のことです。

この「ある金額」が、前の章の最後に出てきた「権利行使価格」です。

より具体的に見ていきますね。

あなたは今まさに日経２２５オプション取引をしようとしているところで、「日経平均株価は、２か月後に現在の２万円よりも上がる！」と予想したとします。

ではここで「コール・オプション」を買ってみましょう。

オプション取引で大事な３つのこと

オプション取引で大事なことは、次の３点です。

- 期日／ＳＱ日はいつか（限月）
- 何円で買う権利なのか（権利行使価格）
- 権利料＝オプション価格（オプション・プレミアム）が何円か

このうち限月と権利行使価格は自分で選ぶことができますが、最後のオプション価格は、この２点を選ぶと自動的に決まってきます。

オプションのプレミアムはどうやって決まるのか……という話はやや複雑なのでいったん飛ばしますが、ともかく「限月○月・権利行使価格○円のコール・オプションの現時点の価格は○円」という一覧表のようなものを証券会社の取引画面などで見ることができます。

実際の取引では、この中から好きなオプションを選んで買うことになります。

というわけで、今が9月として「11月限月の／権利行使価格が2万円の／コール・オプションが現在100円」なので、それを1枚買ったとします。

と言っても、残念ながら100円でこのコール・オプションを買うことはできません。

日経225オプションの取引単位は「1000倍」なので、100円のコール・オプション1枚の購入代金は10万円となります。

ただし、オプションミニなら取引単位は「100倍」なので、100円のコール・ミニオプション1枚の購入代金は1万円となります。

さて2か月が経過し、いよいよ11月のSQ日がやってきました。

果たして結果はどうなっているでしょう？

ここに注意！

と、ここで１つ注意があります。

ここまで「日経225オプション取引の決済は日経平均株価によって決まる」というような話をしてきましたが、厳密に言うとそうではありません。

実は、実際の決済に使われるのは「SQ値」というやや特殊な価格なのです。

これは先物取引やオプション取引に使うための数値で、SQ日におけるすべての構成銘柄の始値から算出されます。

いっぽうの日経平均株価は、構成銘柄の始値だけではなく、前日の終値や気配値も使って計算することがあります。

……ちょっと難しいですね。

なので、ここは正直、なんとなくで理解しておけばいいかなと思います。

・「SQ値」と「日経平均株価」は似て非なるもの、必ずしも一致はしない

・オプション取引の決済に使うのは「SQ値」

とりあえずこの2点だけ押さえておけばOKです！

では、さっそく2か月後のSQ日に飛んで結果を見てみましょう。

5　2か月後のSQ日の結果を見ると

①SQ値が期待通り上がった場合

あなたが予想した通り、SQ日のSQ値（≒日経平均株価）は権利行使価格の2万円よりも上、例えば2万5000円になっていたとします。

この場合、当然あなたは「権利を行使」して日経平均を買いつけ、即座に売ります。

そうすると「2万円で買って2万5000円で売った」ことになり、差額の5000円がプラスとなります。

日経225オプションの取引単位は1000倍なので、プラス50万円。

ここで一瞬「やった、50万円儲けた！」と思うかもしれませんが、オプション取引にかかった費用を忘れてはいけません。

２か月前に購入したコール・オプションの代金10万円があるので、これを引きます。

そうすると「今回の取引では差し引き40万円の利益が出た」となります。

式としては

【今回の利益】

＝（ＳＱ値−権利行使価格）×取引単位×数量−最初に支払ったオプション代金

＝（２万５０００円−２０，０００円）×１０００倍×１枚−（１００円×

１０００倍×１枚）

＝４００，０００円

となるわけですね。

もうお気づきかと思いますが、利益を出すためには「ＳＱ値が権利行使価格を上回っている」だけでは足りません。

そう、「最初に払ったオプション代金＋権利行使価格」がSQ値を上回っていなくてはならないのです。

なので、権利行使価格が2万円、プレミアムが100円だったこの取引の場合は「SQ値が2万100円以上」となった場合に利益が出ます。

2万100円ちょうどだと、損も得もしません。

そして、2万100円より高くなればなるほど、利益は無限に跳ね上がっていきます。

②SQ値が期待に反して下がってしまった場合

今度は、予想が外れてSQ値（≒日経平均株価）が下がってしまった場合を考えましょう。

あなたは権利行使価格が2万円のコール・オプションを持っていますが、SQ日のSQ値は1万9500円だったとします。

その場合はどうするか。

コール・オプションで買ったのは「権利」なので、買い手であるあなたはこの権利を放棄することができます。

つまり、何もしません。

そうなると、もちろん２か月前に支払ったオプション代金の10万円は戻ってきませんが、それ以上の損失もありません。

これを式にすると

【今回の損失】

＝最初に支払ったオプション代金

＝１００円×１０００倍×１枚

＝１００，０００円

となります。

お気づきでしょうか。

この式のどこにもＳＱ値や権利行使価格は出てきません。

ということは、さきほど「ＳＱ値が１万９５００円に下がった」と書きましたが、これがどんな金額でも損失額は全く変わらない、ということです。

日経平均株価がこの2か月で大暴落して1000円になろうと100円になろうと、あなたの損失額はコール・オプションの代金分、10万円に抑えられるのです。

この状況をグラフにして見てみましょう。

縦軸が損益（1000円）、横軸がSQ値になります。

SQ値がどれだけ低くなろうとも、損失は横ばいで10万円のまま。

一方の利益は2万1000円を超える

【図表1　ＳＱ値がどれだけ低くなろうとも、損失は横ばい】

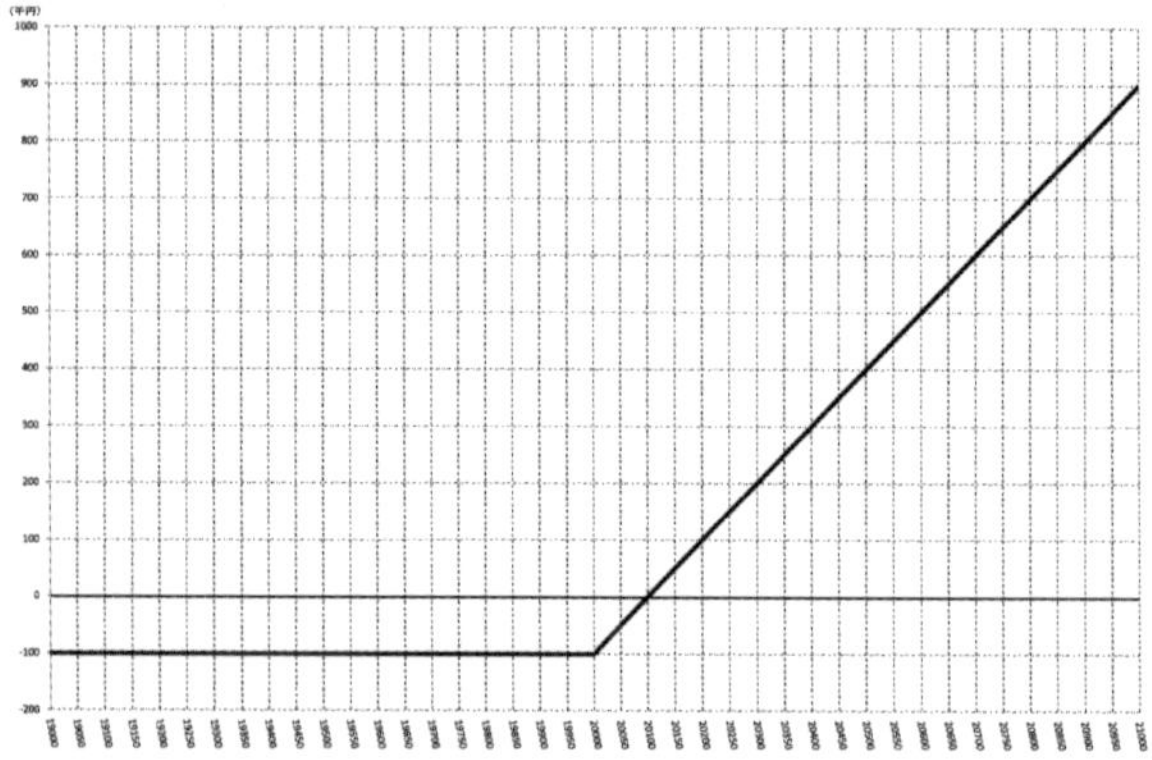

縦軸が損益（千円）、横軸がＳＱ値になります

と、どんどん上がっていき、上限はありません。

コール・オプションの買いは「損失限定・利益無限大」だということが、一目でわかると思います。

さて、まずは買ったコール・オプションをＳＱ日まで持っていたパターンについてお話ししました。

「え、ということは、途中で手放してもいいの？」と思ったあなた。

大正解です。

買ったオプションは、ＳＱ日までの間に転売しても構いません。

というか、実際はそっちのパターンのほうが圧倒的に多いです（買ったものを売る、ということで、この取引を「反対売買」と言います）。

この章の前半で「プレミアムは、限月と権利行使価格を選ぶと自動的に決まる」と書きました。

そして「現時点での限月11月／権利行使価格２万円の／コール・オプションの価格は１００円」という例をあげました。

実はこれ「現時点の」というのが大きなポイントです。

なぜなら、プレミアムは日々変動するものだからです。

何がどうなって決まるのかはここでもやっぱり飛ばしますが（とても重要なことなので、あとでとっくりと説明させてもらいます）、プレミアムも日経平均株価その他の変動の影響を受けて、ＳＱ日までの間に上がったり下がったりします。

なので、「限月11月／権利行使価格２万円の／コール・オプション」の価格があなたが買った時の１００円よりも高くなったときに売れば、利益をあげることができるわけです。

具体的に見てみましょう。

③オプションを転売する場合

証券会社の取引画面を見ていたあなたは、１００円で買った（限月）11月／権利行使価格２万円の／コール・オプション」が３００円に値上がりしていたので、これを売って＝反対売買で利益を得ようと考えました。
オプションの取引単位は1000倍なので、売ったら1枚30万円です。
買った金額との差で20万円の利益が出ました。
式にすると

【今回の利益】
＝（転売した価格－買った価格）×取引単位×数量
＝（300円－100円）×1000倍×1
＝200，000円

ですね。

では逆に、あなたが100円で買ったコール・オプションの価格が日々みるみる下がっていった場合です。

あなたは「このまま持ち続けていてもSQ日には価値がゼロになるだけだから、今まだ値段がついているうちに転売しよう」と考えます。

その時点で、あなたが買った「限月11月／権利行使価格2万円の／コール・

オプション」の価格は30円になっていました。
これを売っても1枚3万円にしかなりません。
最初に支払ったのは10万円なので、差額分7万円の損失が出たことになります。
この取引の式は
【今回の損失】
＝（買った価格ー転売した価格）×取引単位×数量
＝（100円ー30円）×1000倍×1枚
＝70，000
です。
7万円損はしたものの、途中で転売したおかげで10万円まるまる失うのは避けられた、と考えられますね。
さて、ここまで「コール・オプションの買い」について詳しく見てきましたが、ここでもう一度、この取引のよい点についておさらいしておきます。

・損失限定・利益無限大が安心！

最初から何度もお話ししていますが、コール・オプションの買い取引の場合、SQ値（≒日経平均株価）がどれだけ下がっても、損失額は最初に支払ったオプション代金に限定されます。

この「何が起きても追加で資金を足したりする必要がない」というのは、本当に大きな安心につながりますよね。

一方で利益は、SQ値が上がれば上がっただけ、無限大に大きくなっていきます。

場合によっては、宝くじレベルで一発当てることもできるのです！

・少ない金額で大きい利益になることがある

今「宝くじレベル」と言いましたが、オプション取引には少ない資金で大きな利益をあげられる可能性があります。

具体的に見てみましょう。

例えば、原資産が1万円のものが1万1000円になる取引があったとします。

これがもし現物の取引だったら、あなたは最初にまず1万円でその原資産を買わなくてはならない＝1万円を持っている必要があります。

そして、それが1万1000円になったときに売ると、儲けは1000円。資金に対して10％の利益が出たことになります。

では「権利行使価格1万円、オプション価格50円のコール・オプションを買った」場合はどうなるでしょうか？

原資産の価格が1000円上がると、なんと950円の儲けを得ることができます。

支払った初期費用50円に対し、利益は1900％にもなりました。

……これ、すごい数値だと思いませんか？

ちなみに「少ない資金で大きな利益が期待できること」を、投資の世界では「レバレッジ」（もとの意味は「てこ」です）といいます。

オプション取引はまさに、レバレッジのとても大きな取引だと言えるのです。

第5章　コールの売り・買い、プットの売り・買い、その違い

さきほどの章では、オプションの4つの取引「コール・オプションの買い／売り」「プット・オプションの買い／売り」のうち「コール・オプションの買い」について詳しくお話ししました。

ここからは、残りの3つを見ていきましょう。

と言っても、「コール・オプションとプット・オプション」は「売る権利と買う権利」ということで、それぞれ対に、また「売りと買い」も当然対になっています。

ですので、さきほどの「コール・オプションの買い」さえわかっていれば、あとは「その逆」「その裏」という感じで簡単に理解できるので大丈夫です！

1　プット・オプションの買い

さきほどの「コール・オプションの買い」は、SQ値（≒日経平均株価）が上がると利益の出る取引でした。

では、その逆である「プット・オプション＝売る権利」の買いはと言うと……もうおわかりですね。

そう、ＳＱ値が下がると、利益が出る取引です。

というわけで、ここでは今後の日経平均株価が下がると予測して、さっそくプット・オプションを買ってみましょう。

オプション取引で重要なのは3つ

オプション取引で重要なのは「限月・権利行使価格・プレミアム」の３つです。

そして、このうち「プレミアム」は、限月と権利行使価格を選ぶと自動的に決まるのでした。

今回は「限月11月／権利行使価格2万円の／プット・オプション」が現時点で１００円だったので、それを1枚買うことにします。

これはつまり「11月のＳＱ日に、ＳＱ値（≒日経平均株価）が何円になっていても、２万円で売る権利」を買ったということになります。

少しわかりにくいので、具体的な数字を当てはめてみましょう。

予想が当たってSQ値が下がったとき

まずは、予想が当たってSQ値が下がった場合。

例えば、11月のSQ日のSQ値が権利行使価格よりも500円安い1万9500円になっていたら、あなたは当然「権利を行使」します。

そのためには、まず現在の価格で日経平均を買いつけ、その後即座に権利行使価格で売ることになります。

これは権利なので、あなたが「売る」と言ったら、買い手側は拒否できません。

この取引を終えた時点のあなたの利益は、SQ値と権利行使価格の差額の500円からプレミアムを引いた400円となりました。

もちろんプット・オプションもコール・オプション同様取引単位は1000倍なので、実際の利益は40万円です。

これを式にすると、

【今回の利益】
＝（権利行使価格―SQ値）×取引単位×数量―最初に支払ったオプション代金
＝（20，000円―19，500円）×1000倍×1枚―（100円×1000倍×1枚）
＝400，000円
となります。

コール・オプションのときとは「権利行使価格」と「SQ値」が逆になっていますが、それ以外は同じですね。

また、さきほど「まず買いつけて即座に売る」と書きましたが、現実の取引では証券会社が初めからこの式通りの差額で処理をしてくれます。

ですので、実際は「まず買いつける」資金が必要になるわけではないので、どうぞご安心ください。

基本的な知識があり、そこで得た法則にしたがって愚直に動くことで、利益は最大化され、リスクは最小化されるのです。

損をしてしまったとき

さて、残念ながら損をしてしまった場合も見てみましょう。

そう、SQ値（≒日経平均株価）が上がった場合です。

例えば限月SQ日にSQ値が2万5000円になっていたら、権利を行使してしまうと損をします。

2万5000円で日経平均を買い付けて2万円で売ると、損失は500円×1000倍、50万円にもなります。

コールであれプットであれオプション取引の「買い」はあくまで「権利」なので、損をするとわかっていてわざわざ行使する人はいませんよね。

なので、ここは権利放棄です。

持っているプット・オプションはこうなったらもう無価値なので、そのまま放置します。

その場合、最初に買ったオプションの代金は戻ってきませんが、それ以上に損失が膨らむことはありません。

【図表２　ＳＱ値がどれだけ高くなろうとも、損失は横ばい】

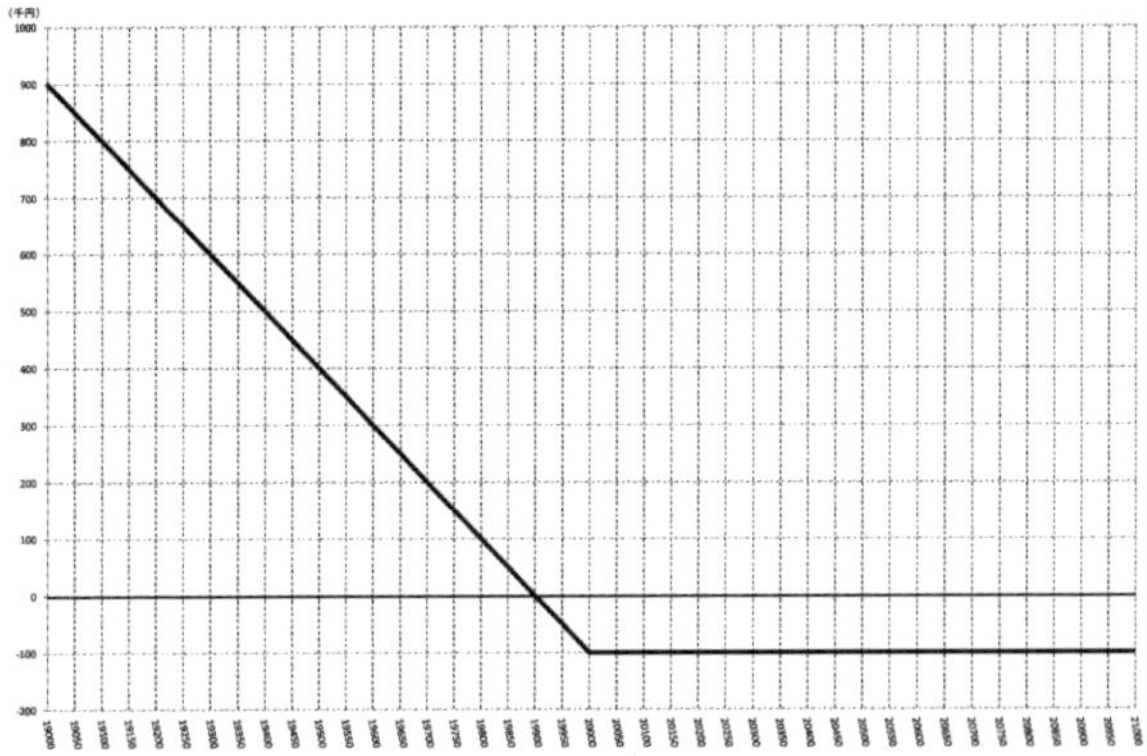

縦軸が損益（千円）、横軸がＳＱ値になります

計算式は、

【今回の損失】

＝最初に支払ったオプション代金

＝１００円×１０００倍×１枚

＝１００，０００円

……そう、コール・オプションの時と全く同じ式です。

今回も、ＳＱ値がどれほど大暴騰しようと、損失は10万円に抑えられました。

これをグラフにすると、図表２のようになります。

こちらもコール・オプション同様、損失は最大でも10万円、横ばいです。

一方の利益は、ＳＱ値が下がれば下が

るほど大きくなっていきます。

そして、損失が利益に転じるポイント＝損益分岐点は、グラフから1万9900円だと読み取れます。

これは権利行使価格からプレミアムを引いた金額ですので「権利行使価格－プレミアムよりもさらに大きくSQ値が下がったとき」に初めて利益が出るのだということがわかりますね。

2 コール・オプションの売り

コール・オプションの売上

さて、今度は売り取引について見ていきます。

これは正直、さきほどまでの買い取引とはだいぶ趣が違ってきます。

どういうことか見ていきましょう。

まずは「コール・オプションの売り」について。

これは、最初に詳しく学んだ「コール・オプションの買い」取引の裏側にあたります。

そう、さきほどあなたが買った「コール・オプション」には、実は売り手がいたのです。

この「売り手側」を担う＝コール・オプションの売り取引を行うということ。「コール・オプションを買いたい！」と言っている人に、クーポンを発行して売ってあげる人になるわけです。

この「売り手と買い手」の関係、実は、保険屋さんと加入者の関係によく似ています。

買い手＝加入者は、「何か」が起きたとき（保険の場合は事故が起きたり病気になったとき、コール・オプションの場合はSQ値が上がったとき）のため、オプション代金を支払って「権利」を手に入れておきます。

そして、実際に「何か」が起きた際には「権利を行使」します。

すると、保険の場合は加入者が契約通りの金銭を、オプション取引の場合は買い手が権利行使価格（あらかじめ約束した金額）で原資産を手に入れることができるわけです。

逆に何も起こらなかったとき（コール・オプションでは、SQ値が「権利行使価格＋プレミアム」を下回った場合）は、加入者・買い手は何もしません。買い手が権利を放棄してオプション代金分を捨てるのは、まさに保険の「掛捨て」と同じ構造だと言えますね。

オプションの売り取引について

これを踏まえて「オプションの売り取引」について見ていきます。

オプション取引で「買う権利を買いたい！」と言っている人に、あとで使えるクーポン券のような「買う権利＝コール・オプション」を売るのが「コール・オプションの売り」です。

この場合売ったのは「権利」なので、契約の満了日＝SQ日に相手が「買う権利を行使します」と言ってきたら、否も応もなく買わせてあげる＝売らなくてはなりません。

ということは、売り手にとってオプションは「義務を負う」取引だということです。

具体的に見ていきますね。

例は、最初の「コール・オプションの買い」のときと同じとします。

つまり、現時点で「限月11月／権利行使価格２万円の／コール・オプションは１枚１００円」なので、これを１枚売る、という取引を行ってみましょう。と、今この瞬間です。

あなたは、オプション代金分の10万円をいきなり手に入れました。

この時点では、損するか得するかはまだわかりません。

ただ、コール・オプションは「ＳＱ値が上がると買い手が得をする」取引なので、売り手のあなたとしてはできればＳＱ値には下がってもらったほうがありがたそう……というのはなんとなくわかりますね。

さあ、それでは、一気に限月11月のＳＱ日に飛んでみます。

まずは、最初に見た例と同様、SQ値が2万500円に上昇した場合を見てみましょう。

このとき、あなたからコール・オプションを買った人は間違いなく「権利を行使します！」と言ってきます。

そうなると、どんなに損をしようとも、あなたはこの買い手に2万円で日経平均株価を売ってあげなくてはなりません。

売り手側は、権利ではなく義務ですからね。

ですので、2万500円で日経平均株価を買いつけ、2万円で売ります。

そうすると損失は500円です。

ただ、初手でプレミアムの100円をすでに受け取っているので、その分は損失から差し引くことができます。

損失の500円からプレミアム分の100円を引くと、差額は400円。

取引単位の1000倍も加味すると、最終的な損失額は40万円になるわけです。

この取引の式は、次のようになります。

【今回の損失】
＝（ＳＱ値－権利行使価格）×取引単位×数量－最初に受け取ったオプション代金
＝（２０，５００円－２０，０００円）×１０００倍×１枚－（１００円×１０００倍×１枚）
＝４００，０００円

……お気づきでしょうか。

この式、オプション代金を最初に「支払った」か「受け取った」か、という点以外は、金額も含めてコール・オプションの買いで利益が出たときと全く同じなのです。

つまり、最初の例で見た「買い手が儲けた40万円」は、実は「売り手が損した40万円」だったたというわけです。

ね？　仕組みというか理屈としてはシンプルでしょ？　これがオプションの大きな特徴なのです。

SQ値が下がって売り手が得するのか

では、SQ値が下がって、売り手が得をする場合も見てみましょう。

最終的なSQ値は、権利行使価格2万円に対して1万9500円に下がりました。

このとき、コール・オプションの買い手は権利を放棄します。

つまり、何もしません。

そうなると、あなたもこれ以上何もする必要がなく、最初に売ったオプションの代金がまるまる利益となります。

【今回の利益】

＝最初に受け取ったオプション代金

＝100円×1000倍×1枚

＝100，000円

こちらも、コール・オプションの買い手が損をした場合とほとんど同じ式（受け取ったか支払ったかだけの違い）ですね。

オプション取引では、買い手の利益と売り手の損失、売り手の利益と買い手の損失は、完全にイコールになるのです。

グラフももちろん、よく似た形をしています。

ただ、買いとは逆で、売りの場合は横ばいなのは損失ではなく利益の方です。

そして損失は、無限大にふくらむ可能性があるというわけです。

このように、シンプルな判断の積み上げで、徐々に利益を上げていくのがオプション取引の醍醐味です。

【図表３　買い手が損をすれば、売り手は利益を得る】

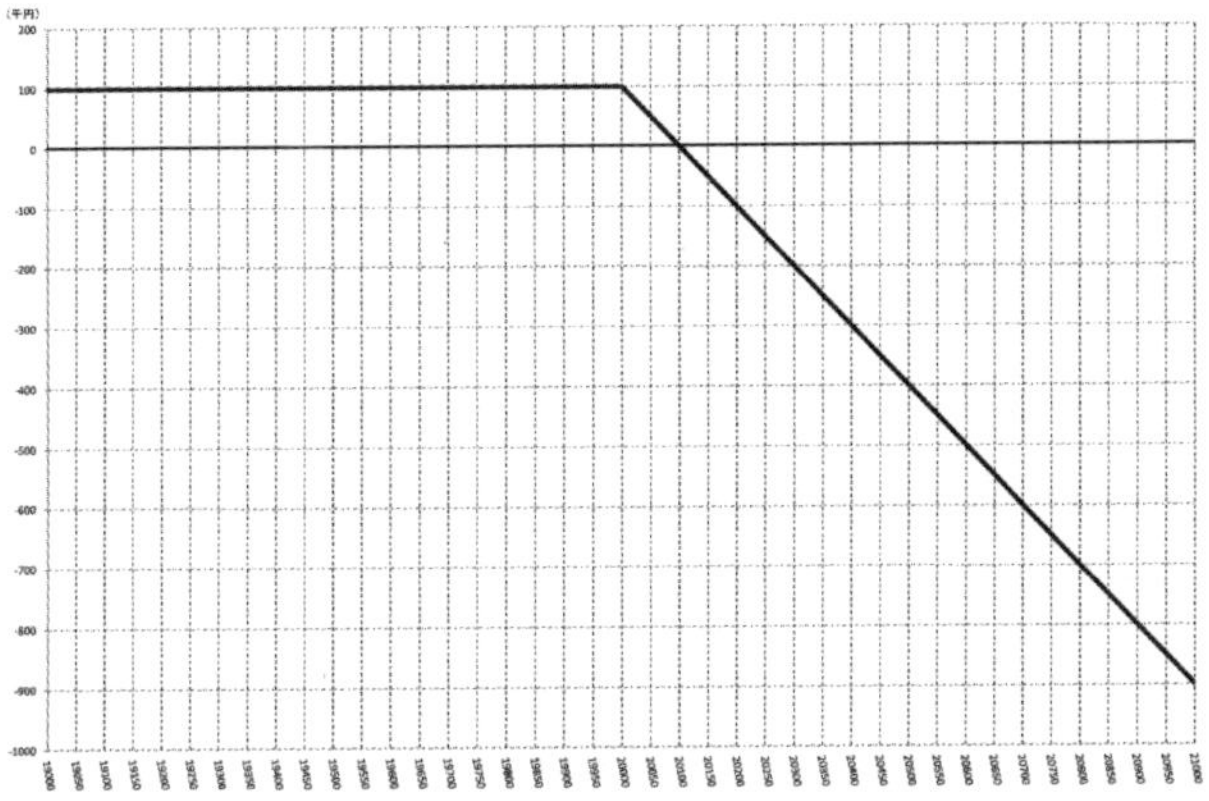

縦軸が損益（千円）、横軸がＳＱ値になります

3　プット・オプションの売り

プット・オプションの売りとは

ここまでくれば、最後の「プット・オプションの売り」は簡単です。

まず買い手に対してプット・オプションを売ります。

これも、現時点で「限月11月／権利行使価格2万円の／プット・オプションが100円」としましょう。

そうすると、いきなりオプション代金分の10万円が手に入ります。

そして2か月が経ち、限月SQ日がやってきます。

もしSQ値が下がっていたら（ただしプレミアム分を加算した金額よりもさらに大きく下がった場合に限る）、買い手は「売る権利」を行使して、有無を言わさずあなたに2万円で日経平均株価を売りつけます。

売り手のあなたは、権利ではなく「義務」を負っているので、損をするとわかっていても断ることはできません。

仮に１万９５００円まで下がっていたとすると、権利行使価格との差額の５００円の損失が出ます。

ただ最初に売ったオプションの代金は手に入っているので、損失額からその分を差し引くことができます。

さきほどの５００円からプレミアム分の１００円を引くので、損失は４００円です。

取引単位の１０００倍をかけて、40万円の損失となるわけです。

【今回の損失】

＝（権利行使価格－ＳＱ値）×取引単位×数量―最初に受け取ったオプション代金

＝（20，000円―19，500円）×1000倍×1枚―（100円×1000倍×1枚）

＝400，000円

これは、さきほどの「プット・オプションの買い」取引の裏側ということで、買い手側が得をしたのと全く同額の損を売り手が負ったことになります。

「プット・オプションの売り」取引で利益が出る＝買い手が権利放棄をした場合も同じです。

買い手はもう何もしないので、売り手のあなた側にもなんの動きもなく取引は終了します。

ということで、最初に売ったオプション代金分だけ利益が出ます。

【今回の利益】
＝最初に受け取ったオプション代金
＝100円×1000倍×1枚
＝100，000円

式からもわかるように、どれだけ日経平均株価が大暴騰したところで、利益の額には何の影響もないのです。

グラフも、横ばいなのが利益、果てしなくふくらむ可能性があるのが損失、

【図表４　売り手はオプション代金分しか儲からず、損失は無限大】

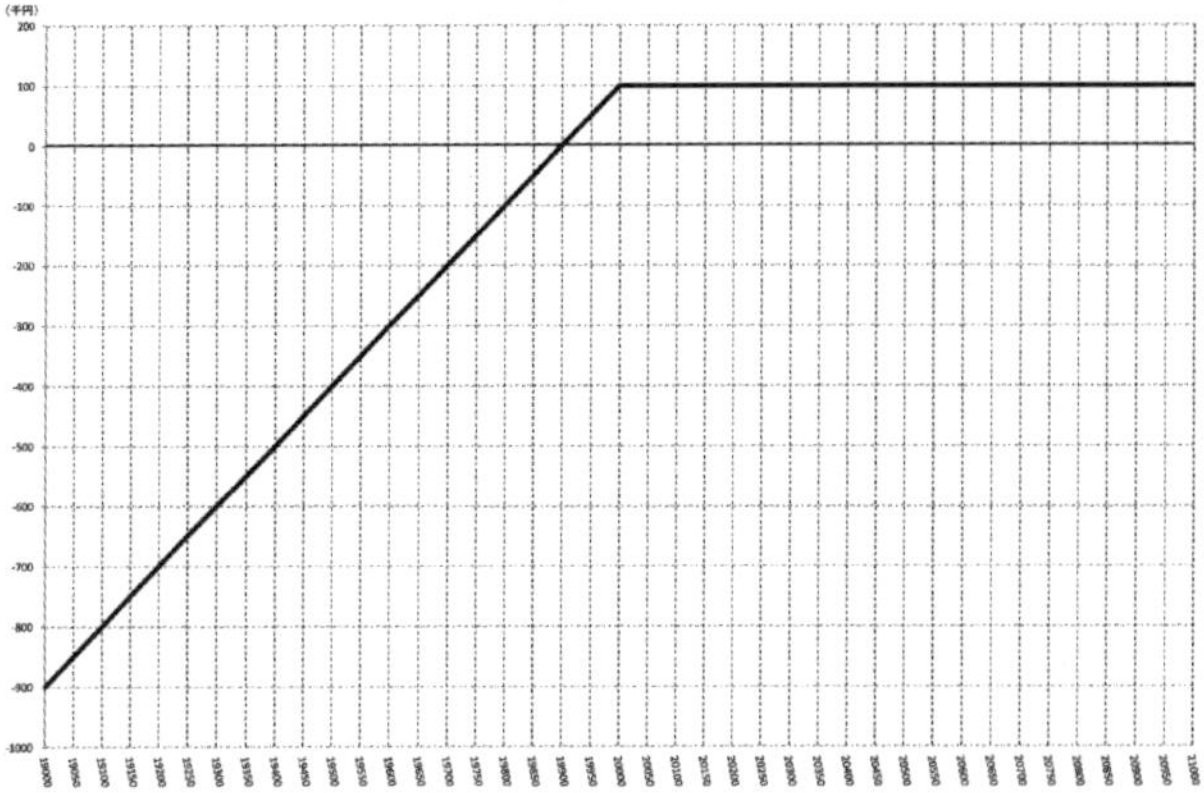

縦軸が損益（千円）、横軸がＳＱ値になります

という、このような形になります。

オプション取引のまとめ

さあ、これでオプション取引の４つの立場、「コール・オプションの買い」「コール・オプションの売り」「プット・オプションの買い」「プット・オプションの売り」のすべてについて知ることができました。

ここでざっとおさらいをしましょう。

・コール・オプションの買い

日経平均株価が上昇すると、利益が出る／損失は最初に支払うオプション代金に限定・利益は無限大

【図表5　オプション取引のまとめ】

	利益	損失
コールオプション買い	無限大	プレミアムに限定
コールオプション売り	プレミアムに限定	無限大
プットオプション買い	ほぼ無限大（原資産が0になるまで）	プレミアムに限定
プットオプション売り	プレミアムに限定	ほぼ無限大（原資産が0になるまで）

・プット・オプションの買い
　日経平均株価が下落すると、利益が出る／損失は最初に支払うオプション代金に限定・利益は無限大

・コール・オプションの売り
　日経平均株価が下落すると、利益が出る／利益は最初に受け取るオプション代金に限定・損失は無限大

・プット・オプションの売り
　日経平均株価が上昇すると、利益が出る／利益は最初に受け取るオプション代金に限定・損失は無限大

　この4つのパターンを憶えておいていただき、適宜、適正な手を打ってください。

売り手をやりたがる人なんている？

さて、ここまで見てきて、あなたはやっぱりこんな疑問を持っているかもしれません。

「『損失限定・利益無限大＝買い　ＶＳ．利益限定・損失無限大＝売り』だったら、絶対に売りのほうが不利じゃん！　これ絶対みんな買い手になりたがるよね？　これで売り手をやりたがる人なんている？」

前にも書きましたが、結論としては、もちろんいます。

しかもそれは何も「いくら損をするかわからないけどやってやる！」という旺盛なチャレンジャー精神を持った人というわけではありません。

オプション取引ではむしろ「買い手になることを選ぶ人」より「売り手になることを選ぶ人」のほうが堅実な考えの持ち主であるとすら言えます。

一体どういうことなのか。

実は確率で見てみると、オプション取引で勝ちやすいのは買いよりも売りのほうなのです。

利益を得られるのは

ちょっと考えてみてください。

買い手が利益を得られるのは、SQ値が「権利行使価格よりも」上がった(プットの場合は下がった)場合ではなく「権利行使価格+プレミアムの金額よりも上がった(下がった)とき」だけです。

いっぽう売り手が利益を得られるのは

・価格が買い手の思惑とは逆向きに大幅に動いた(コールなら下がった、プットなら上がった)とき

・価格が動かなかったとき

・価格が買い手の思惑通りの向きに動いたけれど、プレミアム以内の値動きだったとき

これだけ多くのパターンがあります。

なので、売り手に利益があがる場合のほうが多いのです。実際に市場で取引されているオプションのうち8割は権利放棄されている、なんて話もあるくら

いです。

ただし、いくら確率が低いと言っても、売り手が「日経平均株価の大暴落／大暴騰」で大損をする、無限大の損失を負う可能性がないとは言えません。

もしもの場合に備えて、証券会社に証拠金を預ける

オプション取引の売り手側になる場合には、そういった「もしもの場合」に備え、買い手側になるときよりも多くの資金を準備していますよ、ということを証券会社に示さなくてはなりません。

このとき証券会社に預けるお金のことを「証拠金」と言います。

前に「オプション取引は少ない資金で始められる（プレミアムが安いため）」とお話ししましたが、実はそれは買い手になる場合の話。

売り手になる際は証拠金が必要となるので、ここだけ注意してくださいね。

証券会社も結局はビジネスをやっているので、証拠金などの「保証」があるほどいい取引に繋がるとも言えるのです。

買い取引と売り取引の特徴

ここで「買い取引」と「売り取引」の特徴に話を戻すと、次のようになります。

・買い取引

「買い」は確率は低いけど1発逆転で大きな利益が狙える、いわば宝くじ的な要素がある取引です（もちろんいろいろ勉強して買うことで、完全に運否天賦の宝くじより割のいい取引にしていくことはできます）。

・売り取引

「売り」は1度に得られる利益はそれほど大きくないけれど、コツコツ利益を積み上げられる可能性が高い取引です（ただし、とんでもない暴騰・暴落で大損する可能性はゼロではありません）。

少なくとも宝くじとは違い、こうやればこうなるというある種のシステムで動くのがオプション取引ですから、そのルールの範囲内でやっている限り、リスクは限りなく少なくなります。

他方、利益はキチンと確保することできるのです。

もちろん、１か月単位でみればマイナスもあり得ますが、ある意味長い目で見ればそのリスクは限りなく低いものになるのです。

4　オプション価格について

オプション価格はどうやって決まるか

さて、私はここまで「オプション価格（オプション・プレミアム）は限月と権利行使価格を選ぶと自動的に決まる」とお話してきました。

また、「プレミアムはSQ日までのあいだ、様々な要素を受けて上がったり下がったりする」とも言いました。

ただ「その価格がどうやって決まるのか」については説明をスキップしてきました。

が、さきほどまでに出てきたすべての式に「オプション代金」が含まれていたことでもわかるように、「プレミアムはオプション取引を行う際にキモとなるものだ」ということは、あなたももうお気づきかと思います。

となると、どうやってその価格が決まるのか、いよいよ気になってきましたよね？

お待たせしました。

ここからはいよいよ、オプション取引の最大のポイントである「オプション価格＝プレミアム」について詳しく見ていきます。

最初に結論を言うと、「本質的価値」と「時間的価値」を足したものが「プレミアム」です。

……何のことだかわかりませんね。

1つずつひもといていきましょう。

本質的価値とは

まずは「本質的価値」について。

これは「権利を行使したときに得られる価値」のことです。

たとえば「権利行使価格２万円のコール・オプション」の場合、現在の日経平均株価が２万５００円だとすると、２万円で買い建てて即売れば５００円の利益が出ます。

なので、このコール・オプションの現在の「本質的価値」は５００円です。

一方、現在の日経平均株価が権利行使価格の２万円より低い１万９５００円ですと、権利を行使して（権利行使価格で買い建てて）現在の価格で即売っても利益が出ないどころか、損をしてしまうことになります。

この場合、このコール・オプションの「本質的価値」はゼロです。

一瞬「差額分マイナス５００円の価値では？」と思うかもしれませんが、損をする場合は権利を行使しないので、差額が何円でも本質的価値はゼロです。

また、現在の日経平均株価が２万円ちょうどの場合もやはりプラスマイナスゼロです。

ですので「権利行使価格２万円のコール・オプション」では、日経平均株価が２万円を超えると、その「２万円よりも多い金額」の分が「本質的価値」となるわけです。

本質的価値＝日経平均株価（＝原資産の価格）―権利行使価格、ですね。

そして、一度買ったコール・オプションの権利行使価格は変わりませんが、あなたも知っての通り、日経平均株価は日々変動しています。

これを右の式に当てはめると、「本質的価値」も日経平均株価の上下に伴って常に上がったり下がったりしているものだ、というのがおわかりいただけると思います。

さて、ここで1つ、この「本質的価値」に関連する用語の解説をしておきましょう。

さきほどの例で「今権利を行使するといくら得をするか＝現在の原資産の価格が権利行使価格をいくら上回っているか」が、そのコール・オプションの「本質的価値」だとお話ししました。

そして、権利行使価格と原資産の価格が同じ、または原資産の価格が権利行使価格を下回っている場合は、このコール・オプションの本質的価値はゼロだとも言いました。

この「今、権利を行使すれば得をする」状態を「ＩＴＭ（イン・ザ・マネー）」、得も損もしないプラスマイナスゼロの状態を「ＡＴＭ（アット・ザ・マネー）」、「権利を行使してしまうと損をする」状態を「ＯＴＭ（アウト・オブ・ザ・マネー）」と呼びます。

権利行使価格が２万円のコール・オプションなら、

・現在の日経平均株価（原資産）が２万円より高い＝ＩＴＭ
・現在の日経平均株価（原資産）が２万円ちょうど＝ＡＴＭ
・現在の日経平均株価（原資産）が２万円より安い＝ＯＴＭ

というわけです。

また、プットの場合はコールとは逆なので、そのプット・オプションに価値があるのは「日経平均株価（原資産）が権利行使価格よりも安い場合」です。

そのため「本質的価値」を求める式も、先ほどとは逆の「本質的価値＝権利行使価格−日経平均株価（＝原資産の価格）」です。

そして、3つの状態に関する用語も、権利行使価格が2万円のプット・オプションなら、

・現在の日経平均株価（原資産）が2万円より安い＝ＩＴＭ
・現在の日経平均株価（原資産）が2万円ちょうど＝ＡＴＭ
・現在の日経平均株価（原資産）が2万円より高い＝ＯＴＭ

となります。

以上が「プレミアムを決める要素」の1つ目、「本質的価値」の説明です。

まとめると、だいたい次のとおりです。

①「本質的価値」は日経平均株価（原資産）の値動きに連動して、日々上がったり下がったりする。

②今権利を行使したら儲かる場合はそのオプションはＩＴＭ、権利行使価格と原資産の価格が同額の場合はＡＴＭ、権利を行使してしまうと損をする場合はＯＴＭ。

この本質的価値。とても重要なので憶えておいてくださいね。

時間的価値とは

では次に「時間的価値」についてです。

これは、意味としては「期待値」と言い換えることもできます。

要は「この先このオプションの価値が高まるかもしれない！」という期待をオプション市場の参加者がどれだけ抱けるか……ということです。

この価値を決める主な要素は、２つ。

「SQ日までの残存日数」と「ボラティリティ」です。

……なんだかまた難しそうな用語が出てきましたね。

そして残念ながら、この「ボラティリティ」、実際ちょっと難しいです。

なので、こちらはいったん置いておいて、先に「SQ日までの残存日数」から説明しますね。

さて、この残存日数、多い場合と少ない場合のどちらがより価値があると思いますか？

正解は「多い場合」です。

【図表６　時間的価値はＳＱ日が近づくにつれて下がる】

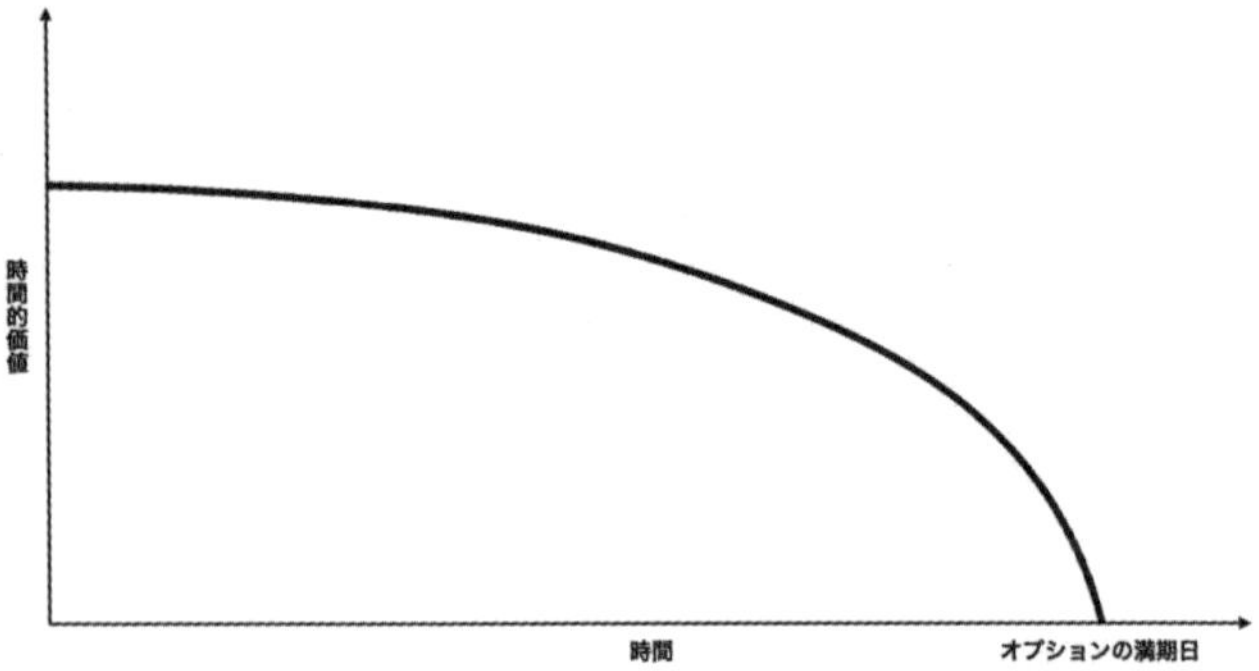

ＳＱ日が現在より先であればあるほど、そのオプションには価値があります。

例えば、現在２万円の日経平均株価が２万５０００円に上昇することを期待していたとして、それが実現する可能性は、明日と１年後ならどちらが高いか……と考えれば、これはすぐにわかりますよね。

当然、日数が多く残っているほうが「思い通りの値動きをしてくれるかも」という期待を多く抱けます。

そして、その期待は徐々に減っていき、最終的にＳＱ日を迎えた時にはゼロになる、というわけです。

さきほどの日経平均株価のように上がっ

たり下がったりはせず、SQ日に向かって下がるいっぽうなのですね。

このように「時間経過によってオプションの価値が下がること」を、タイム・ディケイと言います。

そしてこのタイム・ディケイの下がり方、実は一定ではありません。

最初はゆるやかに、SQ日が近づくと急激に下がるという特徴があるので、覚えておきましょう。

5　ボラティリティ（変動率）について

ボラティリティはとても重要

さあ、いよいよボラティリティについてお話していきます。

さきほど「少し難しい」と言ってしまったので「イヤだなぁ」と思われているかもしれませんが……。

まずあなたに何よりもお伝えしたいのは、「ボラティリティは、とても重要」

だということです。

これはもう、オプション取引を行う上で、絶対に避けては通れません。

例えば、株取引をするときに、その株の値動きをチェックしない人はいませんよね（ローソク足とかトレンドとか……）。

それと同じで、オプション取引にはボラティリティのチェックが必須です。

ですので、ぜひここはしっかり押さえてもらえればと思います。

とはいえ、難しい話は私もあまり好きじゃないので、なるべく簡単に、実際の取引に必要な部分だけをあなたにお伝えするつもりなので、どうぞ気を楽にしてこの先を読み進めてくださいね。

それでは、ボラティリティとは一体何で、どう重要なのか……順を追って見ていきましょう。

ボラティリティ＝オプションの世界では「ＩＶ」

ボラティリティは、日本語では「変動率」と言われ、通常パーセンテージで示されます。

では、何の変動についての数値かというと、これは「原資産」についてです。日経２２５オプション取引の場合は、もちろん日経平均株価ですね。

オプション取引では「日経平均株価がどれくらい上がったり下がったりするか、その度合い」のことをボラティリティと言います。

言葉だけではわかりづらいので、ちょっと具体的に見てみましょうか。

例えば「ボラティリティ20％」は「1年後の日経平均株価は約68・２６％の確率で上下20％の範囲内に収まっている」という意味です。

つまり、現在の日経平均株価が２万円でボラティリティが20％だとすると、来年の今日の日経平均株価は約68・２６％の確率で「1万６０００円〜２万４０００円」になる、ということです。

とはいえ、この定義や数値については覚える必要はありません。

それよりも覚えてほしいのは

・ボラティリティが大きい／高い＝価格変動が大きい（図表7）

・ボラティリティが小さい／低い＝価格変動が小さい（図表8）

というポイントです。

もし日経平均株価が急騰と急落を繰り返していたなら「ボラティリティ超高い！」ということになるわけです。

さてこのボラティリティですが、実は2種類あります。

1つは「HV（ヒストリカル・ボラティリティ）」と言って、名前の通り「過去の日経平均株価の変動率をそのまま指標として表した・数値化した」もの。細かい計算方法はともかくとして、もとになっているのは「過去の実際の日経平均株価」なわけです。

そして、もう1つのボラティリティが「IV（インプライド・ボラティリティ）」。こちらは過去ではなく「将来の日経平均株価の変動率を予測したボラティリティ」のことで、なんと「現在のプレミアムの値動きそのもの」、つまりオプション市場参加者がオプションを売ったり買ったりする、その行動自体から計算されます。

【図表７　価格の変動が大きい＝ボラティリティが高い】

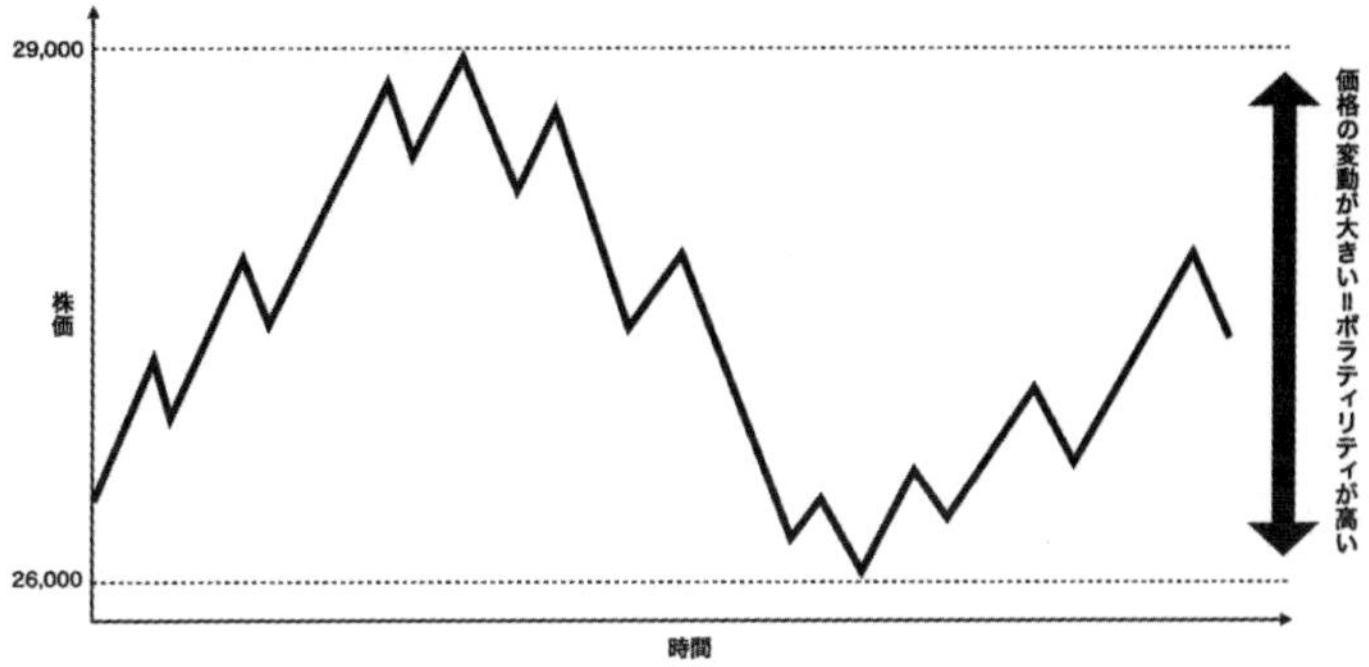

【図表８　価格の変動が小さい＝ボラティリティが低い】

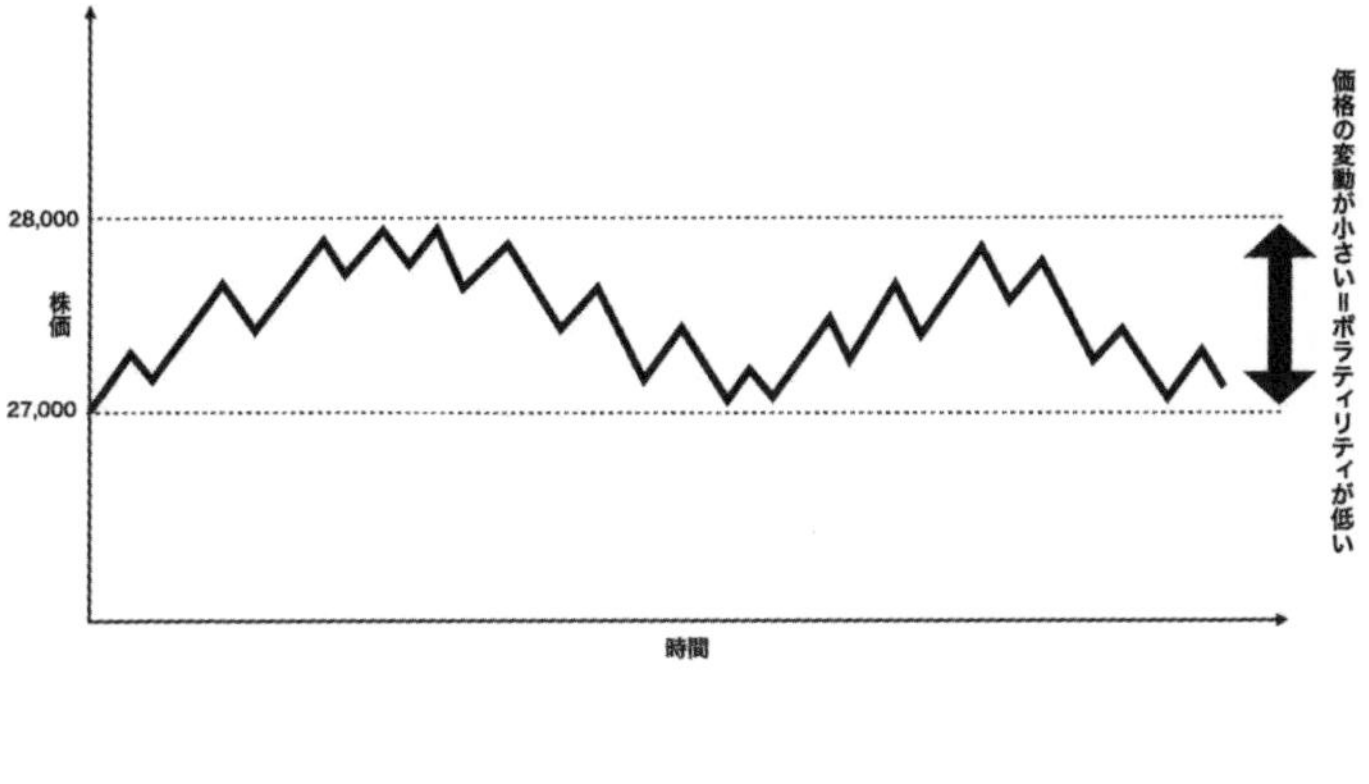

です。

オプション取引の最重要ファクター

そう、この「ＩＶ」の数値こそが、オプション取引の最重要ファクターなのです。

この数値から見えてくるのは、市場参加者の「今後、日経平均株価はどれくらいの幅で変動しそうか」という予測・心理状態です。

具体的には、

・ＩＶが高い＝参加者が「今後、日経平均株価が大きく変動する！」と予測している

・ＩＶが低い＝参加者が「今後、日経平均株価はそれほど動かなそう……」と予測している

ということになります。

例えば、今現在の日経平均株価が大暴落したり大暴騰したりすると、オプション市場に参加している人は「やばい損するかも!?」「ちょ、今なら儲かるんじゃゃね」とオタオタしたりワクワクしたりして、売りや買いの注文をたくさ

ん出すことになります。

そうすると、オプション価格がガンガン動いて変動しまくり、ＩＶの数値もどんどん上昇していくことになるのです。

ＩＶは原資産価格とは別の動きをする

ですので、ＩＶの変動は、原資産の値動きよりも激しくなることがよくあります。

また、原資産の上がり下がりが最も大きく影響するのはもちろんですが、実はＩＶに影響を与える要因はこれだけではありません。

もとになるのは「参加者の心理状態」ですから、ありとあらゆる事象を受けて、その数値が動くことになります。

例えば政治や気象もそうですし、場合によっては季節が関係してきたりもします（海外には原資産が穀物のオプション市場もあるので、収穫時期によって動いたりするわけです）。

そのためＩＶは、ときには原資産の価格とは別の動きをしたりすることになるのです。

プレミアムを決める要素のおさらい

さあ、これでついにプレミアムを決めるすべての要素が出揃いました。

それでは、ざっとおさらいしてみましょう。

まずは本質的価値。

これは「原資産の価格」と「権利行使価格」の差で求められるのでした。

それから時間的価値。

こちらに含まれる要素は、「ＳＱ日までの残存日数」と「ＩＶ」、そして「金利」の３つがあります。

ここまで金利については全く話してきませんでしたが、これは「通常安定している」という理由で無視できるので「プレミアムを決める5つの要素のうちの1つで、時間的価値に含まれるもの」とだけ知っておいてもらえたらＯＫです！

そう、プレミアムとは、この「本質的価値」と「時間的価値」を足したものなのです。

見方を変えると「プレミアムから本質的価値を引いたものが時間的価値」とも言えます。

もっと言うと「本質的価値がゼロのオプションの価値は、すべて時間的価値によるもの」であるわけです。

ちょっと前に出てきた「ＩＴＭ」「ＡＴＭ」「ＯＴＭ」のお話を思い出してください。

「ＡＴＭ」「ＯＴＭ」のオプションには本質的価値がないのでしたよね。

例えば、コール・オプションの場合だと、権利行使価格が現在の原資産価格（＝日経平均株価）以上のオプションは、本質的価値はゼロです。

それでも、実際のコール・オプションには値段がついてちゃんと取引されています。

これは「ＡＴＭ、ＯＴＭのオプションの価値は時間的価値のみ」、つまり「今後ＩＴＭになってくれるはず！」という期待値だけがそのプレミアムを支えている、ということです。

そして、時間的価値のうち

・ＳＱまでの残存日数による価値→減る一方なのがわかっている

・金利による価値→無視できる

なので、残りの1つ「ＩＶ」が何よりも大事で注視すべき数値、となるわけです。

ＩＶは権利行使価格ごとにそれぞれ異なる値になるため、実際の取引ではＩＶの変動を観察するのはとても大変です。

そこで便利なものがあって、何かというと、それぞれのＩＶをまとめて指数にした日経平均ＶＩ（ボラティリティー・インデックス）というものです。

例えるとＩＶ＝個別株、日経平均ＶＩ＝日経平均株価のような関係になります。

さて、ここまでボラティリティの重要性についてお話ししてきました。

ここからは実際の取引でボラティリティをどう利用するかについて、その特徴と合わせて見ていきましょう。

ボラティリティにはトレンドがある

まず知っておいてほしいのが「ボラティリティにはトレンドがあって、おおむね決まった範囲で上下動を繰り返している」ということです。

これは原資産によって違うのですが、日経平均ＶＩの場合は、だいたい20％台で推移していることが多いです。

では、もし、今、日経平均ＶＩが40％にもなっていたとしたらどうでしょうか？

日経平均ＶＩの値が高いということは、市場参加者の期待値が高いということです。

しかし、そうなるとプレミアムも高くなるので、通常時＝日経平均ＶＩの値が20％のときよりもオプションが全体的に割高であると判断できます。

逆に日経平均ＶＩが15％だったりすると、「あら今はオプションが全体的にお安いわ」となります。

そして「日経平均ＶＩはある程度決まった幅で上がったり下がったりする」ということは、今通常時より低ければ今後は上がる可能性が高いということです。

「今低く今後上がる＝今買って、上がった後に転売すれば儲かる！」というわけで、日経平均ＶＩが低いときは基本的にはオプションの買い手に有利だと言えます。

もちろん反対も然りです。

今日経平均ＶＩが高いとなると今後の日経平均ＶＩは下がる傾向にあるので、日経平均ＶＩが高い＝基本的にはオプションの売り手有利、買い手不利の状況となるわけです。

ただし！　あくまでこれは「基本的に」ということで、今高いから必ず下がる（または今低いから必ず上がる）わけではないということは心に留めておいてくださいね。

ＩＶは限月によっても権利行使価格によっても変わる

次に、ＩＶは限月によっても権利行使価格によっても変わります。

例えば同じ権利行使価格でも、限月が違うとＩＶの数値は違ってきます。

権利行使価格が2万円のオプションには来月が限月のもの、再来月が限月のもの、3か月後が限月のものなどがありますが、これらのＩＶは全部違っています。

同じように、同じ限月でも権利行使価格が2万円のもの、2万1000円のもの、2万2000円のものではＩＶの値が違います（まあ「ＩＶ＝期待値」と考えれば、限月までの日数がどれくらいか、またはＩＴＭへの差額がどれくらいかによってその数値に差が出るのは当然ですよね）。

ということは「このオプションのＩＶが高いかどうか」を見ることで「限月

がいつの、権利行使価格がいくらのオプションを買うか／売るか」の判断基準にすることができるわけです。

ちなみに、コールとプットは「売る権利」と「買う権利」という逆のアプローチの取引だ、というお話は前にした通りですが、実はＩＶの値は真逆にはなりません。

要因はいろいろあるのですが（大口の投資家がリスクヘッジのためにプットを大量に買っているらしいから、とか……？）、とにかく現在価格から同じだけ離れた権利行使価格のオプション（ＩＴＭだとイン側に１０００円、ＯＴＭだとアウト側に２０００円、など）でも、コールとプットではＩＶが全然違う、ということは覚えておきましょう。

以上、ざっくりとＩＶについてお伝えしました。

とても大切かつ便利な指標なので、ぜひＩＶを活用してあなたのオプション取引を有利にすすめていってくださいね！

6　オプション取引の戦略について

先ほど、「市場が動かなくても利益を出せるオプション取引ってすごい！」と言いました。

ここからは、そういった場面も含めた「代表的なオプション取引の戦略」についてご紹介していきますね。

では、まず程度はともかく「相場が上がると予想した場合」の戦略４つを見てみましょう。

相場がものすごく上がると予測した場合

これはもう「コールの買い」です！

コールの買いは、相場が上昇すればするほど利益になります。

そして万が一下落しても、損失はオプションの代金のみで抑えられます。

この場合、コール・オプションを買わない手はありません。

相場が下がることはないと予測した場合

このときは「プットの売り」をやりましょう。

相場が上がれば買い手は権利を行使してくることはないので、オプション代金分の利益をあげることができます。

ただし、相場が下がったら下がっただけの損失が無限大に出るので注意です。

相場が一定の範囲内で上がると予測した場合

いよいよ組み合わせの買い方が出てきました！

まずは「相場は上がりそうだけど、そんなに大きくは上がらないだろう」と予測したときです。

こういうときは「同じ限月内で、権利行使価格が安いコールを買い、権利行使価格が高いコールをその安いコールの枚数よりも多く売る」戦略を使ってみ

【図表９　相場がものすごく上がると予測した場合】

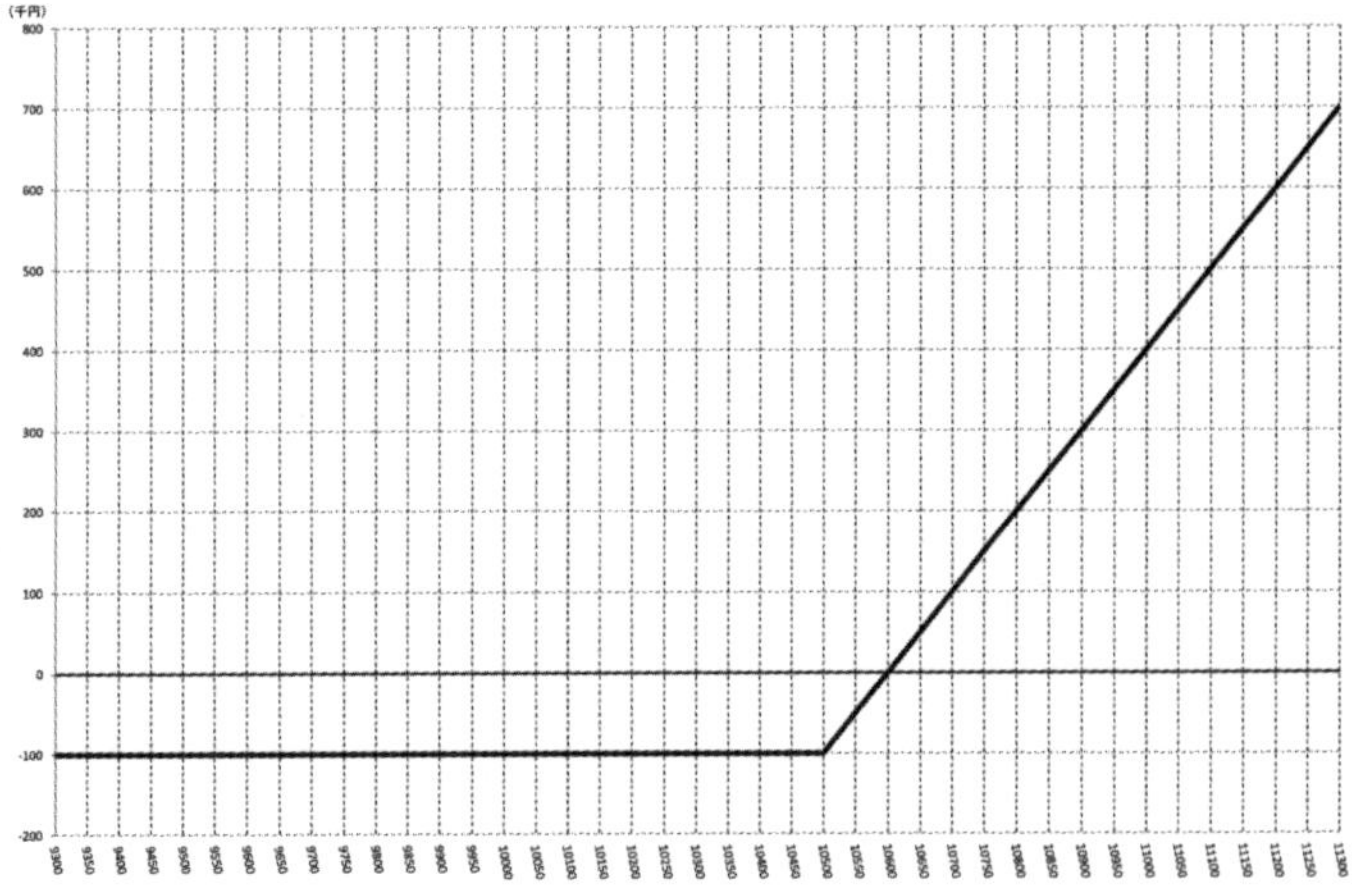

【図表 10　相場が下がることはないと予測した場合】

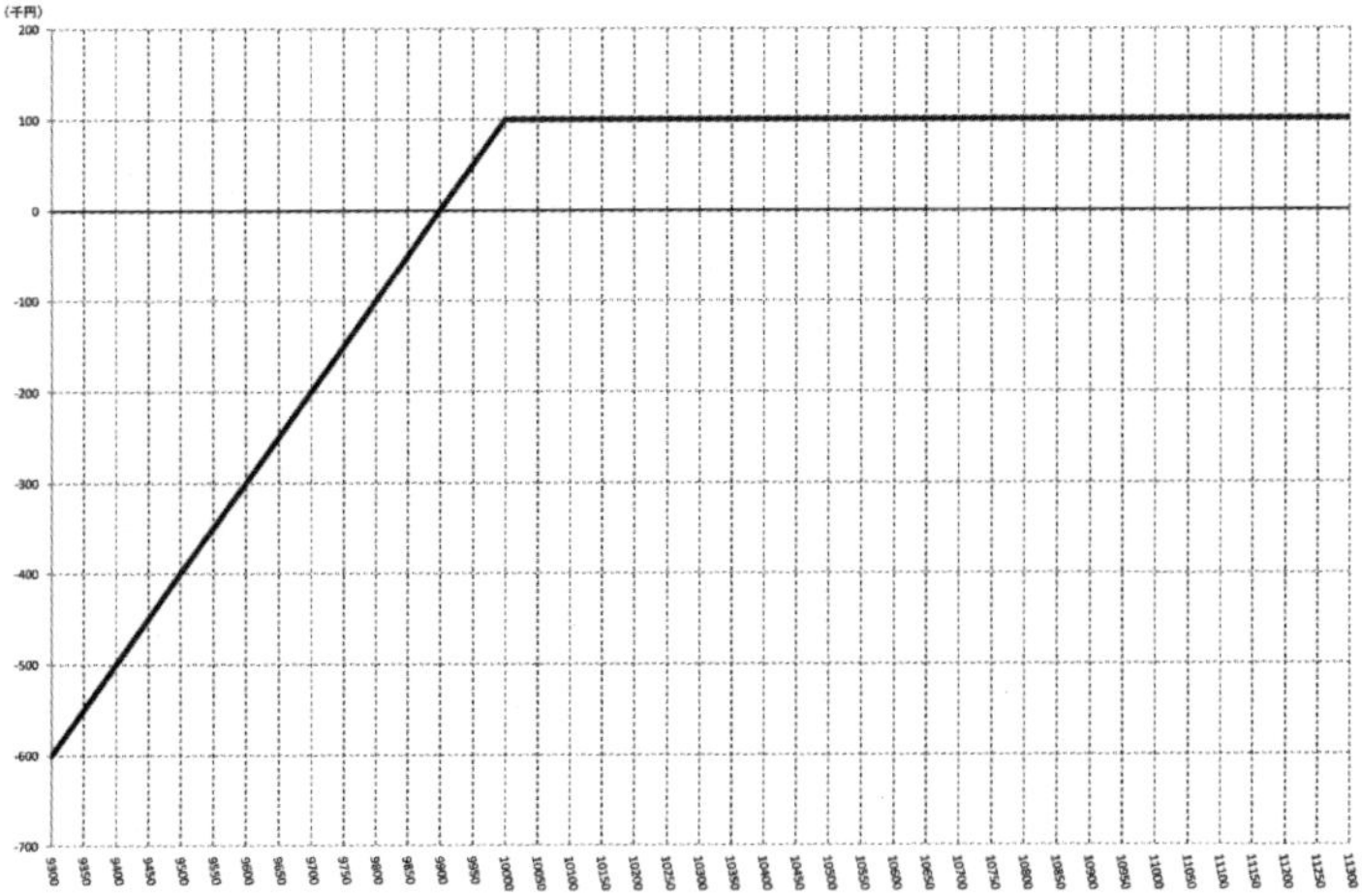

【図表11　相場が一定の範囲内で上がると予測した場合】

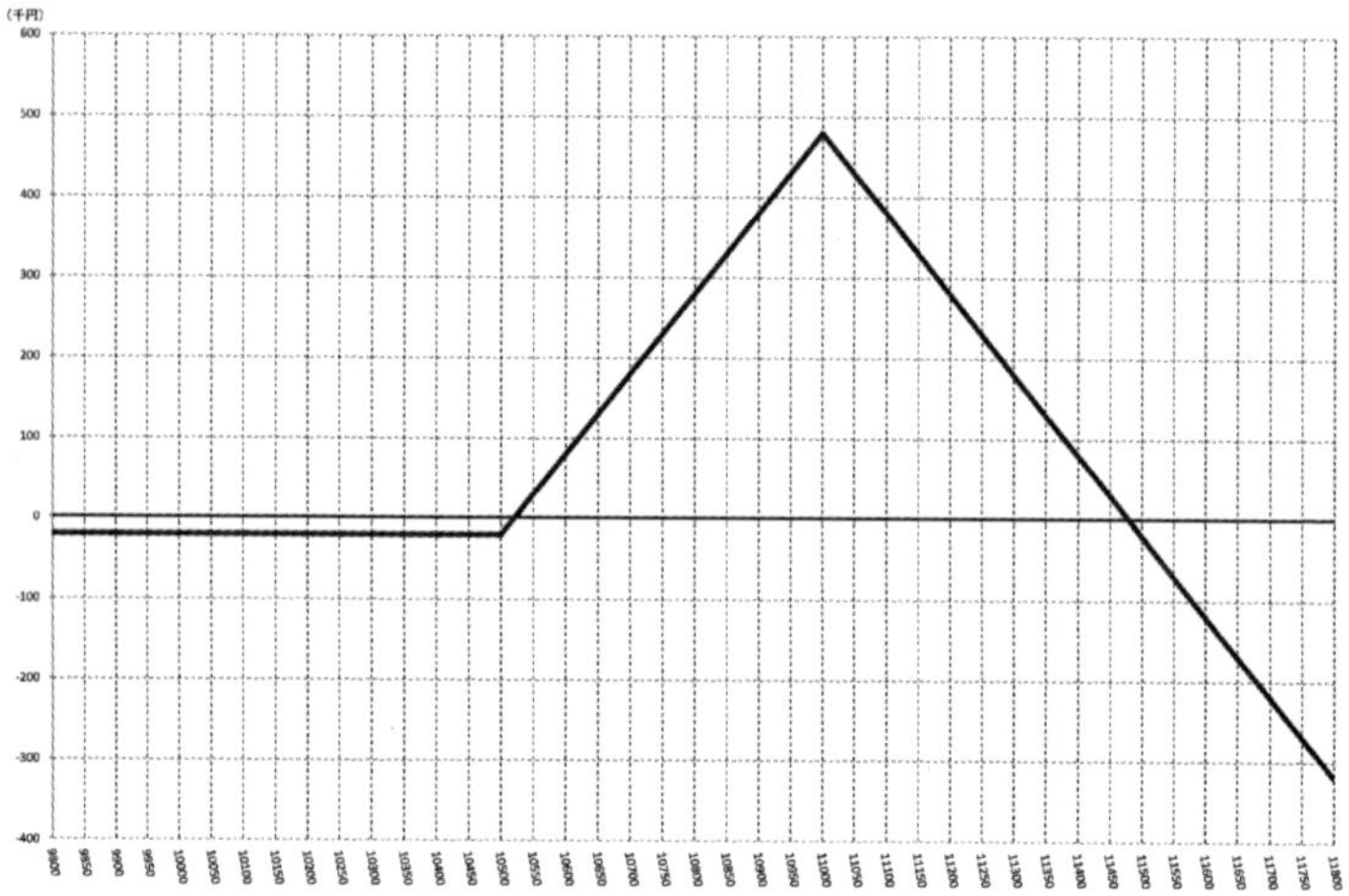

ましょう。

この戦略の名前は「レシオ・コール・スプレッド」と言います。

具体例として、取引のスタート時が

・現在の日経平均株価が1万円
・1万500円のコールを100円で1枚買い
・1万1000円のコールを40円で2枚売り

とします。

この場合利益が出るのは、相場が「買ったほうの権利行使価格よりも上がったとき」で、特に相場が「高いほうの権利行使価格」時に最も多く利益がでます。

例えばこの取引だと「買ったほうの権利行使価格＋プレミアム」が損益分岐点の下限となるので

1万500円＋買いのプレミアム100円－売りのプレミアム80円

＝1万520円

を上回ると、利益が出始めます。

そして売ったほうの権利行使価格1万1000円でピークを迎えます（利益48万円）が、それを過ぎると買いで得た利益よりも売りで出た損失が徐々に上昇していき、1万1480円を境に今度は損失のほうが多くなっていきます。

また上昇しなかった場合の損失は、

・売りのプレミアム80円－買いのプレミアム100円

＝－20円（損失2万円）

になります。

このあたり、注意が必要ですが、経験を積むことが大事です。

相場が上がると予想したものの、そこまで大きく上昇する確信が持てない場合

この説明だけだと「どういうこと？」という感じですが、わかりやすくするために、さきほどの「レシオ・コール・スプレッド」と比べてみましょう。

やり方は「同じ限月内で、権利行使価格が安いコールを買い、権利行使価格が高いコールをその安いコールと同じ枚数だけ売る」です。

そう、さきほどは「買いの枚数以上売る」だったのが、今度は同じ量にするわけです。

そうすることで、「レシオ・コール・スプレッド」では無限大だった「相場が予想以上に上昇した時の損失」が、途中でぴたっと止まるようになります。

具体例として、

- 日経平均株価が1万円
- 1万5000円のコールを1000円で1枚買い
- 1万1000円のコールを40円で1枚売り

で取引をスタートしたとします。

【図表12　相場が上がると予想したものの、そこまで大きく上昇する確信が持てない場合】

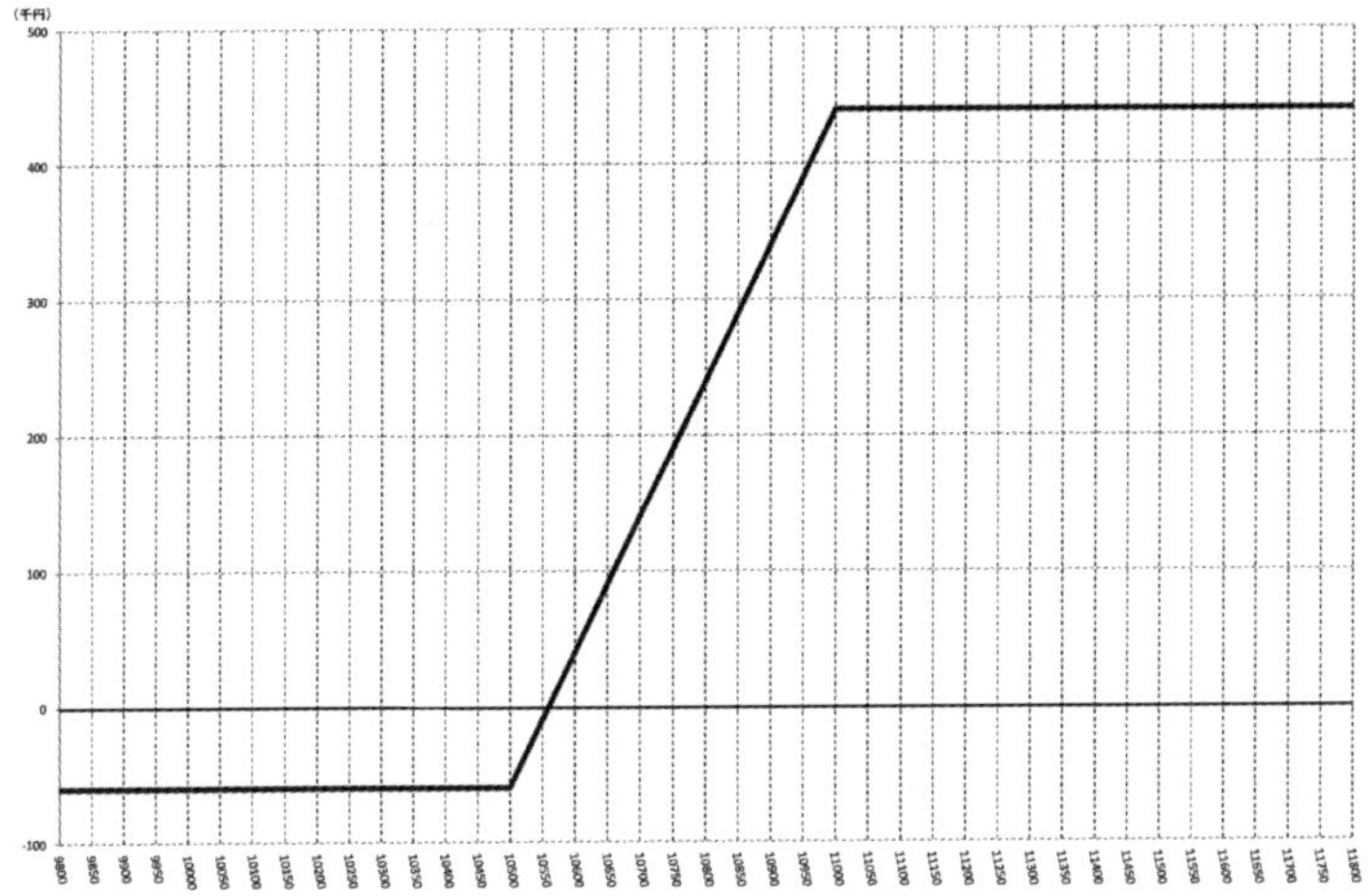

（ちょうどさきほどの取引の売りが２枚だったのを１枚にした感じです）

　この場合、

・利益が出るのは相場が１万５６０円以上のとき

・相場が１万１０００円以上だと、どれだけ相場が上がっても利益は一定

（44万円＝最大利益）

・相場が１万５６０円より低い場合の損失は一定（６万円）

ということになります。

　この戦略のことを「バーティカル・

ブル・スプレッド」と言います。

どうでしょうか。

これだとさきほどの「レシオ・コール・スプレッド」のときより相場が上昇しなかったときの損失は増えるものの「損失無限大」の危機は避けられるので、だいぶ安心できますよね。

ですので「レシオ・コール・スプレッド」戦略中に「あ、やばいな」と思ったら、多く売っていたコールを買い戻して「バーティカル・ブル・スプレッド」戦略に切り替える、なんてこともできるわけです。
※この戦略は、コールだけじゃなく「権利行使価格が安いプットの買いと権利行使価格が高いプットの売りの組み合わせ」でも可です！
さて、ここまで「相場が上がると予想した場合」の戦略を見てきました。

ここからは「程度はどうあれ相場が下がると予想した場合」の戦略をご紹介しますね。

とはいえ、これは「今まで見てきた4つの戦略の逆」なので、理解しやすいと思います。

相場がものすごく下がると予測した場合

これはもう「プットの買い」です！

プットの買いは、相場が下落すればするほど利益になります。

そして万が一上昇しても、損失はオプションの代金のみで抑えられます。

この場合、プット・オプションを買わない手はありません。

相場が上がることはないと予測した場合

このときは「コールの売り」をやりましょう。

相場が下がれば買い手は権利を行使してくることはないので、オプション代金分の利益をあげることができます。

ただし、上がったら上がっただけの損失が無限大に出るので注意です。

【図表 13　相場がものすごく下がると予測した場合】

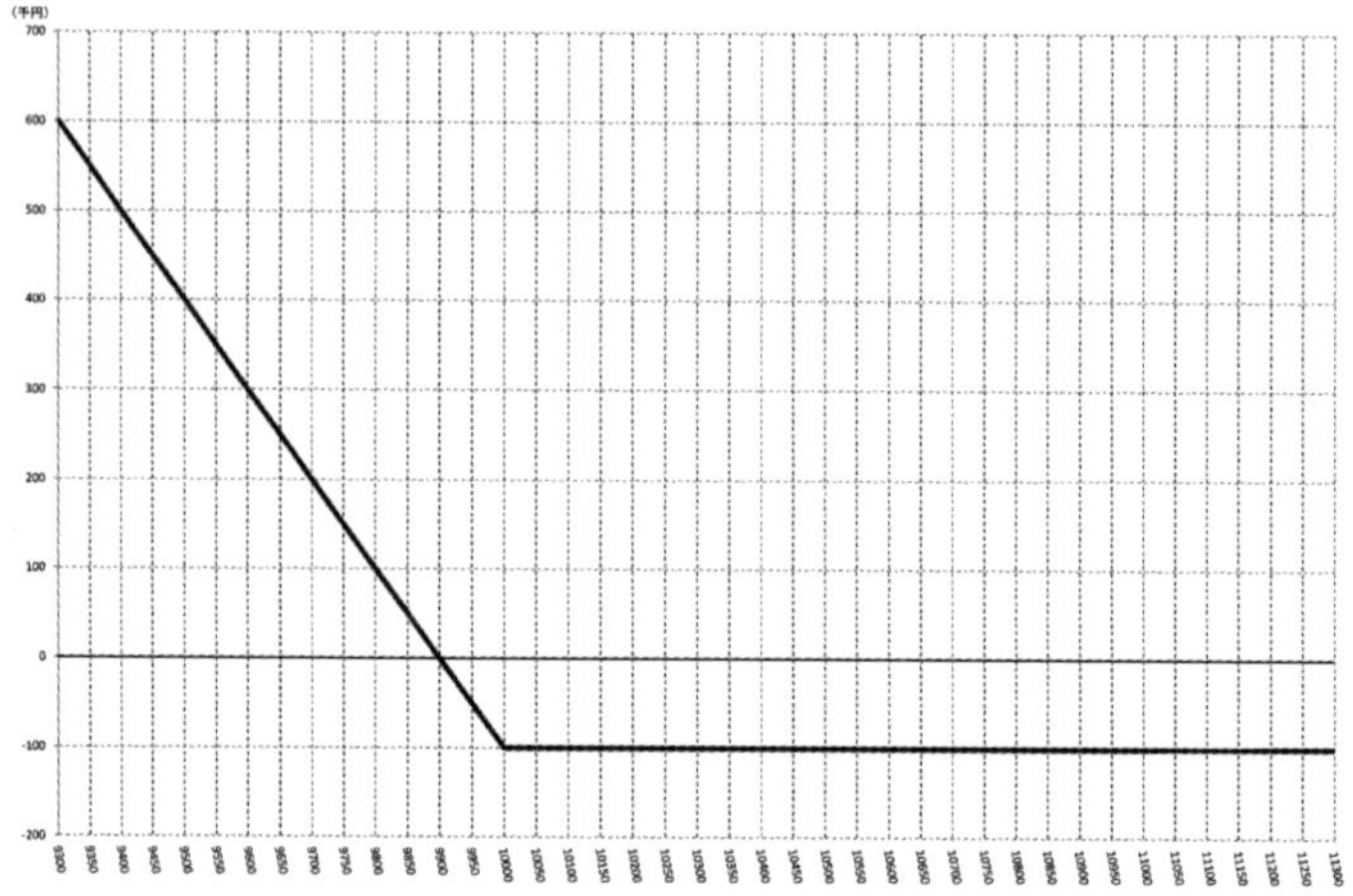

【図表 14　相場が上がることはないと予測した場合】

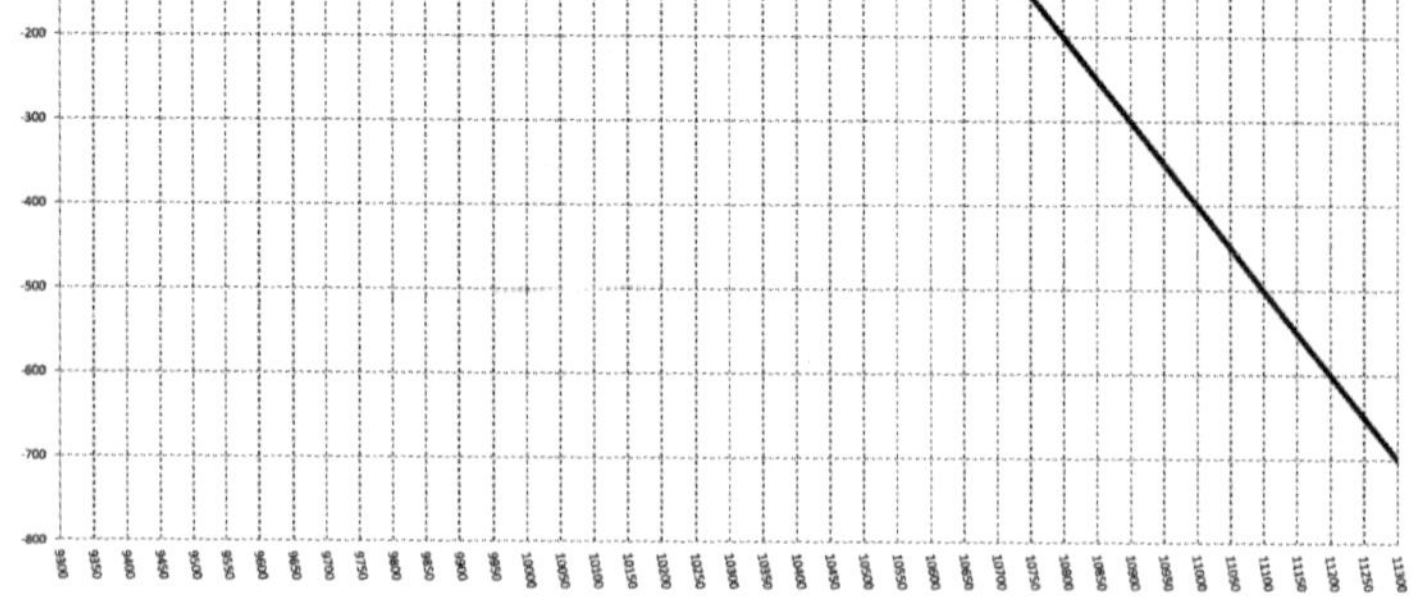

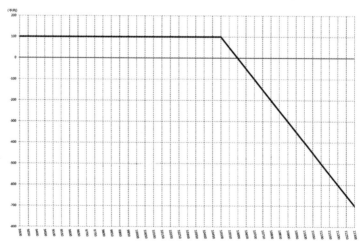

相場が一定の範囲内で下がると予測したとき

　こういうときは、同じ限月内で、権利行使価格が高いプットを買い、権利行使価格が安いプットをその高いプットの枚数よりも多く売る「レシオ・プット・スプレッド」を使ってみましょう。

　具体例は、

・現在の日経平均株価が1万円
・1万円のプットを100円で1枚買い
・9，500円のプットを40円で2枚売り

とします。

　この場合、考え方はさきほどの「レシオ・コール・スプレッド」と似ているので詳しい説明は省きますが、

・利益が出るのは相場が9020円〜9980円
・それより高い場合の損失は一定（2万円）
・最大利益は安いほうのプットの権利行使価格時（48万円）

【図表15　相場が一定の範囲内で下がると予測した場合】

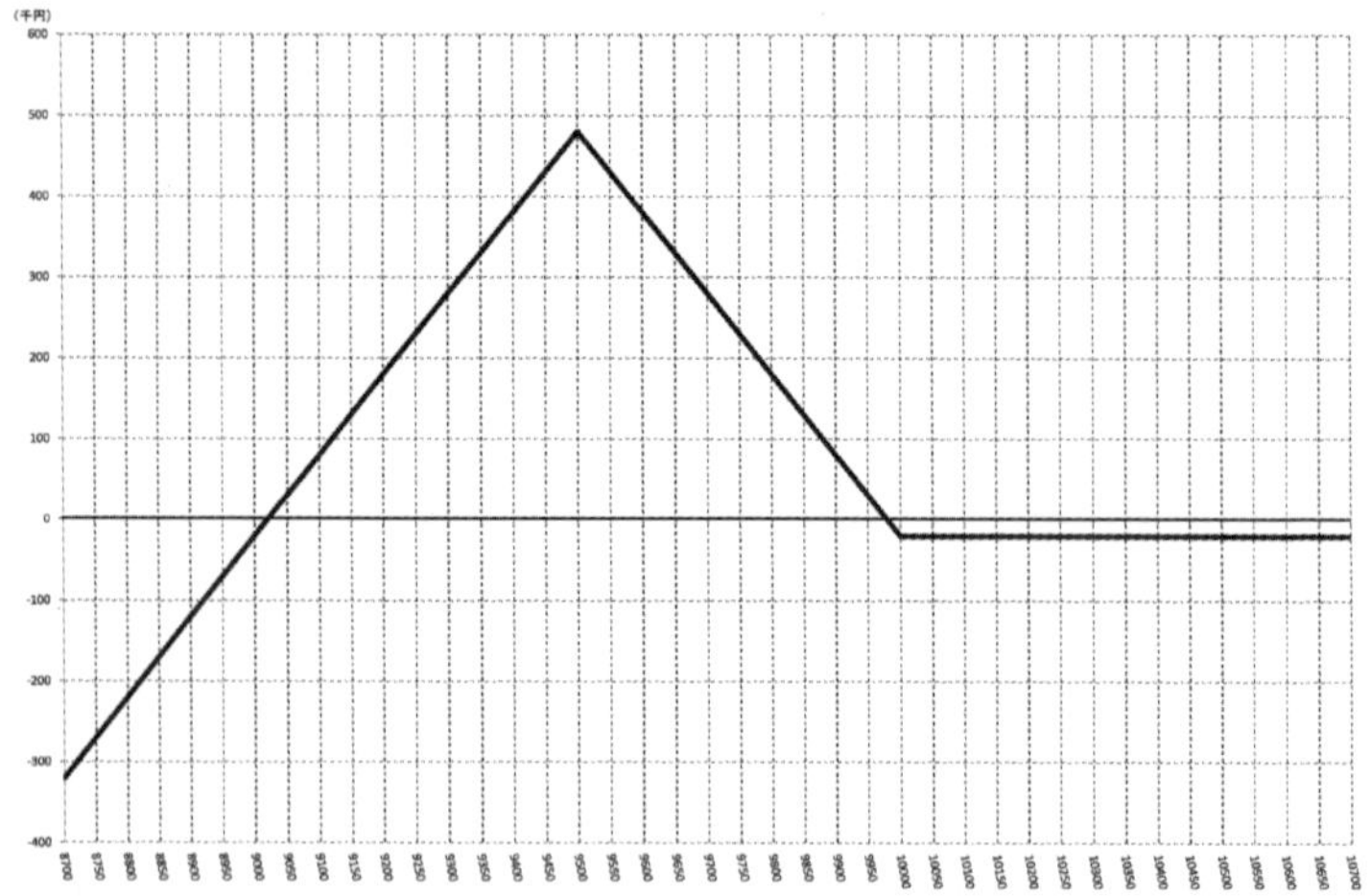

・9020円より相場が下がってしまったら、損失は無限大（ただし原資産の価値がゼロになると止まる）

となります。

「レシオ・コール・スプレッド」と違うのは損失が完全な無限ではなく「原資産の価値がゼロになると止まる」ことですが、実際は日経平均株価がゼロ円になることなどありえないので、これは「理論上」程度に考えておいてもらえればいいかと思います。

まあ、実質「損失は無限大」と言

ってても差し支えはないかな……というところです。

相場が下がると予想したものの、そこまで大きく下落する確信が持てない場合

こちらの場合も、さきほど「上がると予想した場合」で見た「バーティカル・ブル・スプレッド」と真逆の戦略である「バーティカル・ベア・スプレッド」があります。

やり方は「同じ限月内で、権利行使価格が高いプットを買い、権利行使価格が安いプットをその安いプットと同じだけ売る」です。

さきほどの「レシオ・プット・スプレッド」では売りのほうが多かった取引数を、売り買いで同数に揃えるわけです。

そうすることで、こちらも損失を有限にすることが可能になります。

ですので「レシオ・プット・スプレッド」で売ったプットを途中で一部買い戻して「バーティカル・ベア・スプレッド」に変え、リスクを抑えることもできます。

【図表16　相場が上がると予想したものの、そこまで大きく下落する確信が持てない場合】

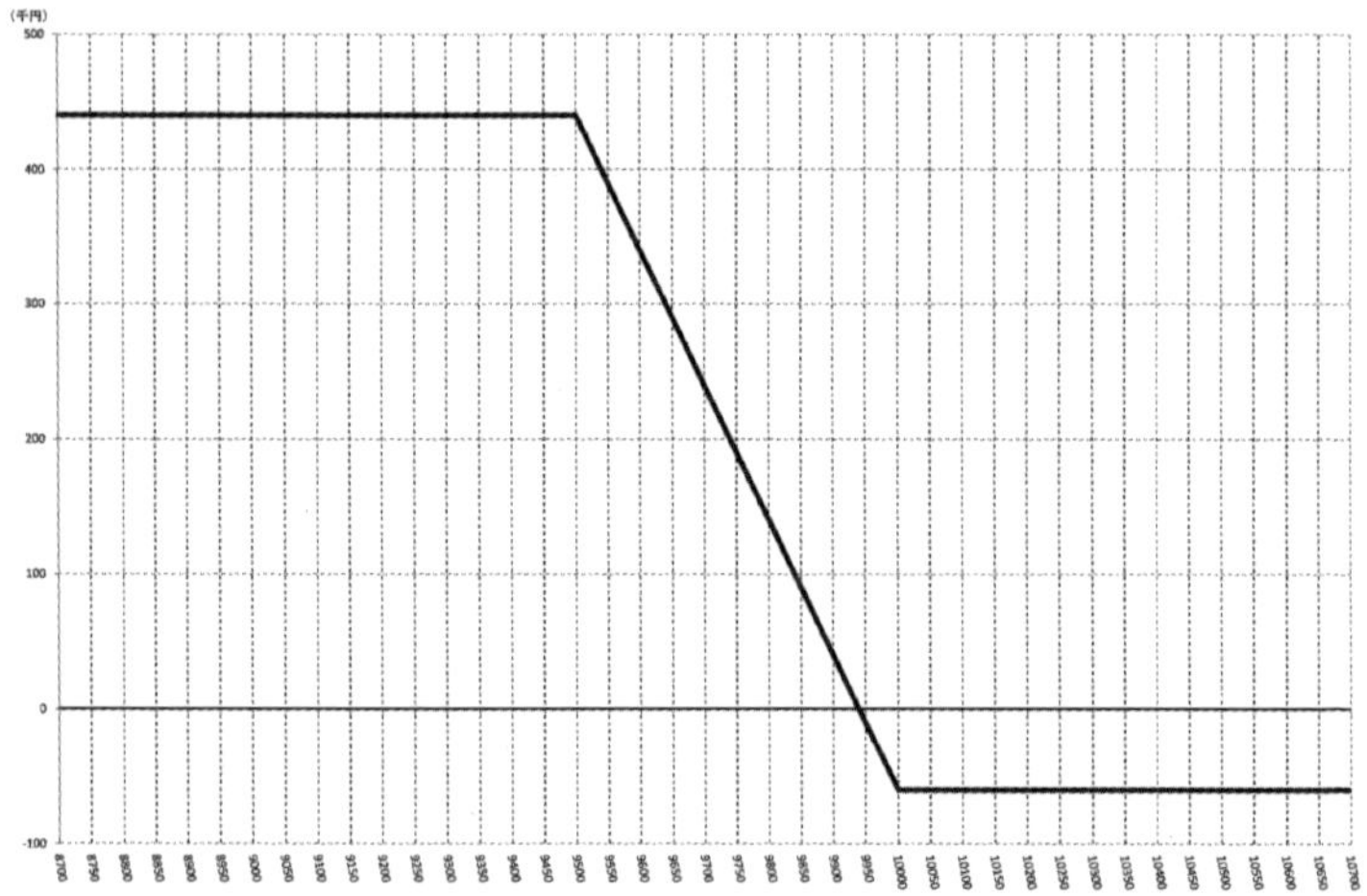

内容的には「バーティカル・ブル・スプレッド」とよく似ているので(向きが逆なだけ)、具体例はさらっといきましょう。

取引スタート時

・日経平均株価が１万円
・１万円プットを１００円で１枚買い
・９５００円のプットを40円で１枚売り

結果

・利益が出るのは相場が９４４０円以下のとき
・相場が９０００円以下だと、どれだけ相場が下がっても利益は一定

（44万円＝最大利益）

・相場が９４４０円より高い場合の損失は一定（６万円）

※この戦略は、プットだけじゃなく「権利行使価格が高いコールの買いと権利行使価格が安いコールの売りの組み合わせ」でも可です！

相場が上がるか下がるかわからない場合の戦略

さて、ここからは「相場が上がるか下がるかわからない場合」の戦略について見ていきましょう。

これは「どっち向きに動くかはわからないけど、動きが小さそうか大きそうかは予想できる」というときに便利です。

例えば、大きな選挙が控えているときなど、その結果によっては相場が大きく上がるｏｒ下がることが予想されます。

そうなると「上下どっちにでもいいけど、どっちかの方向に相場が大きく動いた場合」向けの戦略をとっていると利益をあげられる、というわけです。

というわけで、ここでは「動きが小さいと予想→大きいと予想」の順に、4段階の戦略をご紹介しますね。

相場が全然動かないと予想した場合

ついに出てきました。

相場が停滞しているときにも利益をあげられる戦略です。

この戦略の名前は「ストラドルの売り」と言いますが、やり方は「同じ限月・同じ権利行使価格のコールとプットを同数売る」となります。

〈例〉

取引スタート時

- 日経平均株価が1万円
- 1万円のコールを230円で1枚売り
- 1万円のプットを230円で1枚売り

以上のような流れになります。

【図表 17　相場が全然動かないと予想した場合】

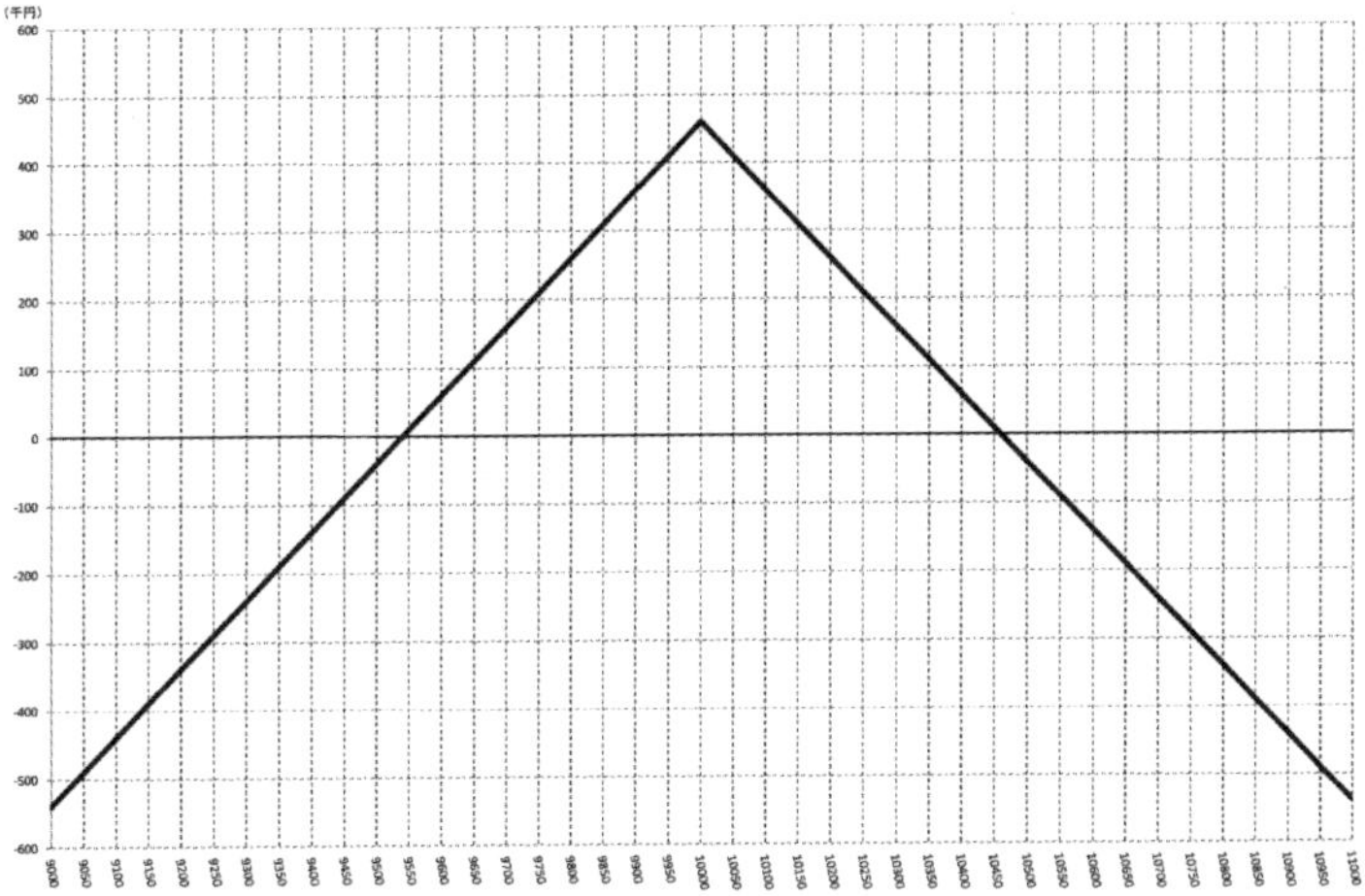

結果

・利益が出るのは相場が９５４０円以上、１万４６０円以下の時

・最大利益は相場が権利行使価格の場合（46万円）

・それより下だと下がったら下がっただけ、また、上の場合も上がったら上がっただけ損失は無限大

この戦略は売り取引だけなので、利益は「買い手が権利を行使しなかった場合に、オプションの代金分」だけ出ることになります。

また利益は「相場が権利行使価格の上下４６０円分＝プレミアム分」

と狭い範囲にとどまっていますが、どちら向きにせよ相場が大きく動いたら損失は無限大です。

とはいえ、株やFXでは本来利益を上げられないはずの「相場が停滞している場合」でも儲けることができるのは、やっぱりすごいことですよね！

相場があまり動かないと予想した場合

こちらの戦略、名前は「ストラングルの売り」と言うのですが、まずは具体的なやり方と結果から先に見てみましょう。

やり方は「同じ限月で、権利行使価格が高いコールと権利行使価格が安いプットを同じ枚数売る」です。

〈例〉

取引スタート時

・日経平均株価が1万円

・1万500円のコールを100円で1枚売り

【図表 18　相場があまり動かないと予想した場合】

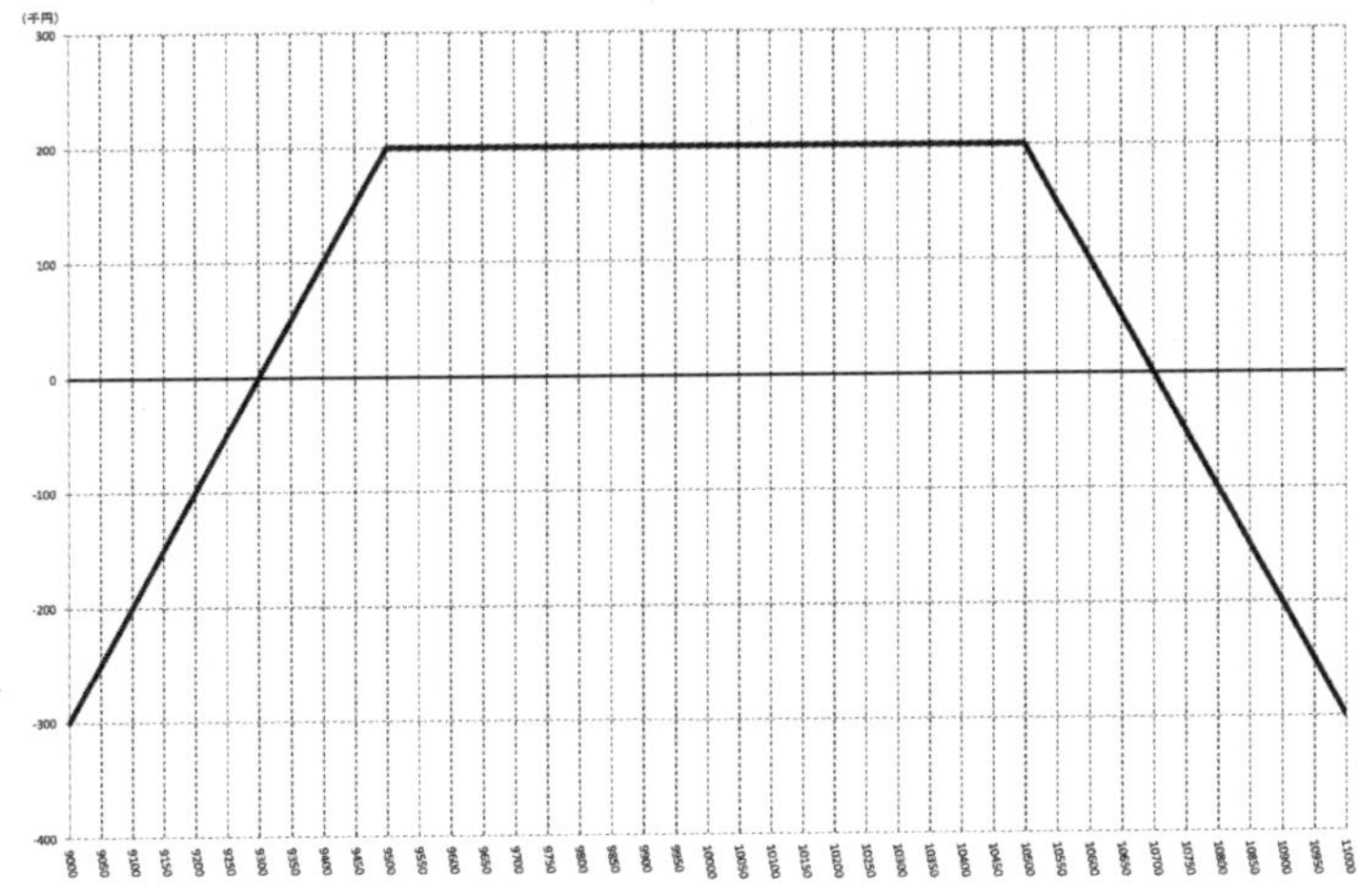

・９５００円のプットを１００円で１枚売り

結果

・利益が出るのは相場が９３００円以上、１万７００円以下のとき

・最大利益は相場が低いほうと高いほうの権利行使価格のあいだの場合（20万円）

・それより下だと下がったら下がっただけ、また、上の場合も上がったら上がっただけ損失は無限大

　これも売りオンリーの戦略なので、買い手が権利を行使しなかった場合にプレミアム分の利益をあげる

ことができます。

また、やはり損失が無限大になる可能性もあります。

ただ、さきほどの「ストラドルの売り」よりは利益をあげられる範囲が広いので、多少なら相場が動いても勝てる戦略となっています。

相場が短期的に大きく動くと予想した場合

この場合には「ストラドルの買い」戦略があります。

やり方は「買ったコールと同じ限月・同じ権利行使価格・同じ数のプットを売る」です。


〈例〉

取引スタート時
・日経平均株価が1万円
・1万円のコールを230円で1枚買い
・1万円のプットを230円で1枚買い

【図表19　相場があまり動かないと予想した場合】

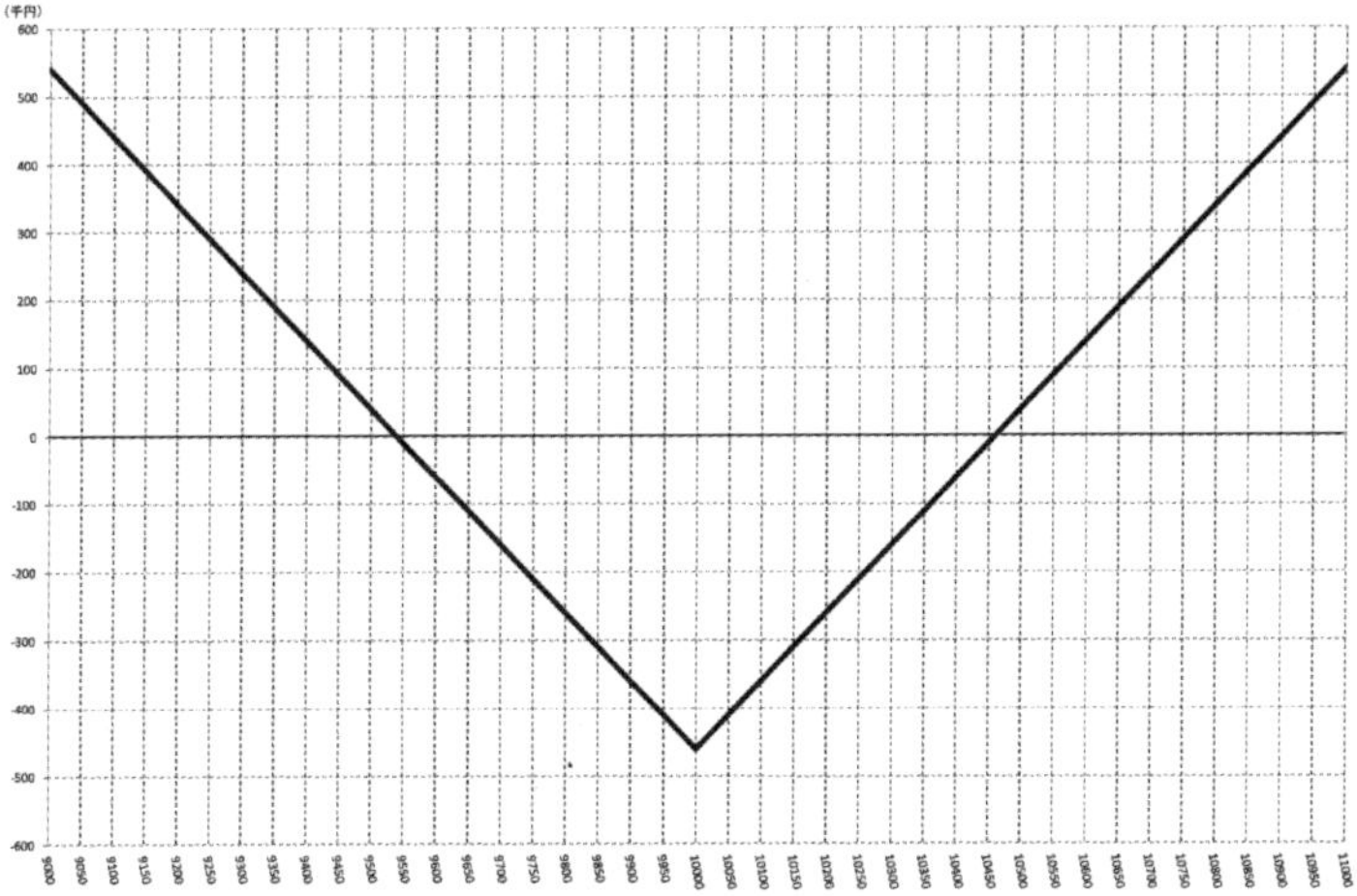

結果

・利益が出るのは相場が９５４０円以下、１万４６０円以上のとき

・相場が大きく下がれば下がるほど、また上がれば上がるほど、利益は無限大

・最大損失は相場が権利行使価格のとき（46万円）

これは買いの戦略なので、コールとプットを組み合わせても「損失限定・利益無限大」になります。

この戦略を使った場合は、なるべく大きく相場が動いてほしいですね。あくまでも願いですが。

相場が大きく動くと予想した場合

こちらも買いのみの戦略ですが、今度はコールとプットの権利行使価格をずらします。

名前は「ストラングルの買い」と言って、コールのほうの権利行使価格をプットの権利行使価格よりも高くするのがポイントです。

〈例〉

取引スタート時

・日経平均株価が1万円
・1万500円のコールを100円で1枚買い
・9500円のプットを100円で1枚買い

結果

・利益が出るのは相場が9300円以下、1万700円以上のとき
・相場が大きく下がれば下がるほど、また上がれば上がるほど、利益は無限大
・最大損失は相場が低いほうと高いほうの権利行使価格の間のとき（20万円）

【図表 20　相場が大きく動くと予想した場合】

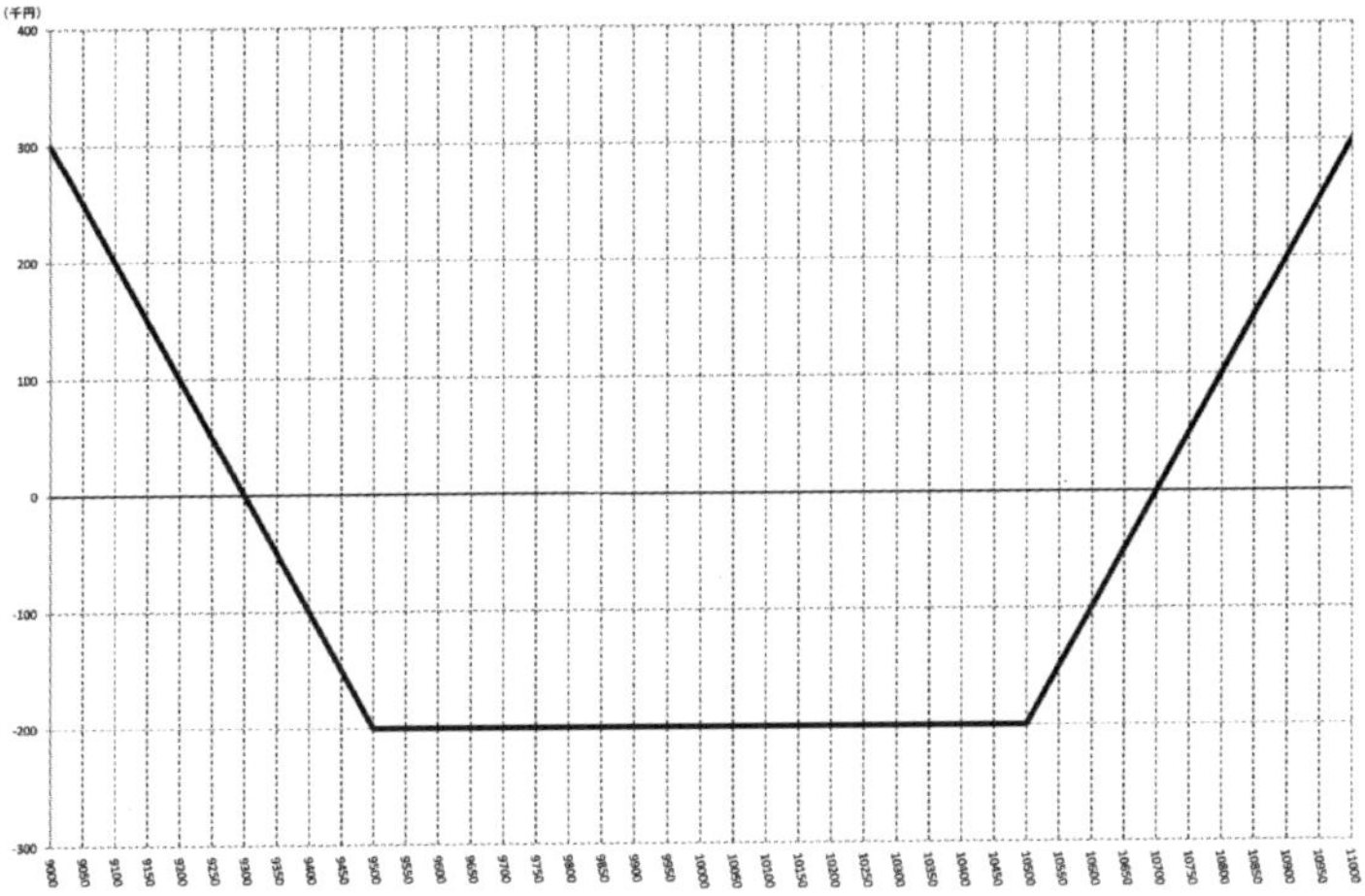

こちらもやはり「買い戦略」なので、下にしろ上にしろ、相場が大きく動いた場合に利益をあげることができます。

そして、損失はオプションの代金分に抑えることができます。

こちらはストラドルより初期費用＝オプション代金が安く済むので、利益率が高いのが特徴です。

これらがオプション取引の大まかな説明です。先ずは基本のキを身につけてくださいね。もちろんもっともっと細かい説明が可能ですが、それは別の機会にご説明したいと思います。

おわりに

何度も書いていますが、投資って「自分を縛るもの」ではないと思うのです。

多少、大袈裟に言えば、自由に軽やかにやってよいはずです。

が、どうも自ら縛りを設けて、がんじがらめになっている人、とても多いのです。

自由を求めて始めたはずの投資が、それでは本末転倒ですよね？

ですが、がんじがらめにならない法則もあります。

それが、主体を自分に置くということ。

チャートや世の中の動きに翻弄されず、自分なりの決まりを設けて、その決まりに従って動くことです。

私が本書でご提案するのは、その「自分なりの決まりの設け方」です。

あなたの時間を有効につかい、チャートに支配されず、無理せず、擦り減らずに自由を手に入れる方法です。

本書の前半に登場する3人の方はまさにその方法で、自分なりの自由を手に入れた方です。

あなたもそうなれる。

必ずそうなれます。

それを信じて、本書を読んでみてください。

山口　一生

著者略歴

山口　一生（やまぐち　いっしょう）

1978年生まれ、京都府出身。

『1度きりの人生、自分の好きに生きたい！』と時間とお金の自由を得るため、25歳の時、投資を始めたものの、10年間取り組んだ結果、3000万円の損失を出してしまう。

一時期は本気で自殺を考えるも、お金を働かせる夢の投資家生活を諦めれず足掻き、他の投資とは違う日経225オプション取引に本気で取り組み、チャートに張りつかずに安定した利益を出せる「相場の予想はしない投資法」を完成させた。

現在は投資で稼ぎたい人たちのために、「みんなで勝つ」をスローガンに掲げて、「予想しないトレード手法」を教える塾を運営している。

著者のブログ：https://bbblooggg.com/profile.html

読者プレゼント用ページ：https://ooepptt.com/lp/clp/ebook/

予想をやめた途端に勝てた！ 1日10分投資術

日経225オプション取引で儲かる法

2024年4月25日　初版発行

著　者　山口　一生 ©Issyo　Yamaguchi

発行人　森　　忠順

発行所　株式会社 セルバ出版

〒113-0034

東京都文京区湯島1丁目12番6号 高関ビル5B

☎03（5812）1178　FAX 03（5812）1188

http://www.seluba.co.jp/

発　売　株式会社 三省堂書店／創英社

〒101-0051

東京都千代田区神田神保町1丁目1番地

☎03（3291）2295　FAX 03（3292）7687

●本書の内容に関する質問はFAXでお願いします。

印刷・製本　株式会社丸井工文社

Printed in JAPAN

ISBN978-4-86367-886-6